Target
Get back on track

GRADE 9

AQA GCSE (9–1)
Spanish

Writing

Viv Halksworth

 Pearson

Published by Pearson Education Limited, 80 Strand, London, WC2R ORL.

www.pearsonschoolsandfecolleges.co.uk

Text and illustrations © Pearson Education Ltd 2018
Typeset by Newgen KnowledgeWorks Pvt. Ltd., Chennai, India
Produced by Out of House Publishing

The right of Viv Halksworth to be identified as author of this work has been asserted by her in accordance with the Copyright, Designs and Patents Act 1988.

First published 2018

21 20 19
10 9 8 7 6 5 4 3 2

British Library Cataloguing in Publication Data
A catalogue record for this book is available from the British Library

ISBN 978 1292 24600 0

Printed in Slovakia by Neografia

Note from the publisher
Pearson has robust editorial processes, including answer and fact checks, to ensure the accuracy of the content in this publication, and every effort is made to ensure this publication is free of errors. We are, however, only human, and occasionally errors do occur. Pearson is not liable for any misunderstandings that arise as a result of errors in this publication, but it is our priority to ensure that the content is accurate. If you spot an error, please do contact us at resourcescorrections@pearson.com so we can make sure it is corrected.

This workbook has been developed using the Pearson Progression Map and Scale for Spanish.

To find out more about the Progression Scale for Spanish and to see how it relates to indicative GCSE 9–1 grades go to www.pearsonschools.co.uk/ProgressionServices

Helping you to formulate grade predictions, apply interventions and track progress.

Any reference to indicative grades in the Pearson Target Workbooks and Pearson Progression Services is not to be used as an accurate indicator of how a student will be awarded a grade for their GCSE exams.

You have told us that mapping the Steps from the Pearson Progression Maps to indicative grades will make it simpler for you to accumulate the evidence to formulate your own grade predictions, apply any interventions and track student progress. We're really excited about this work and its potential for helping teachers and students. It is, however, important to understand that this mapping is for guidance only to support teachers' own predictions of progress and is not an accurate predictor of grades.

Our Pearson Progression Scale is criterion referenced. If a student can perform a task or demonstrate a skill, we say they are working at a certain Step according to the criteria. Teachers can mark assessments and issue results with reference to these criteria which do not depend on the wider cohort in any given year. For GCSE exams however, all Awarding Organisations set the grade boundaries with reference to the strength of the cohort in any given year. For more information about how this works please visit: https://www.gov.uk/government/news/setting-standards-for-new-gcses-in-2017

Contents

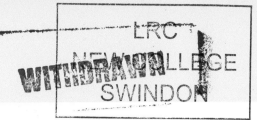

1 Conveying information and opinions clearly

This unit will help you to practise giving all the information required by a writing task in a clear manner. The skills you will build are to:

• ensure that you address the requirements of the task

• convey opinions clearly and without ambiguity

• avoid using over-ambitious language.

In the exam, you will be asked to tackle writing tasks such as the one below. This unit will prepare you to write your own response to this question.

Exam-style question

Miguel, tu amigo español, viene a tu casa a pasar las vacaciones. Quiere información sobre tu región e ideas sobre actividades que puede hacer allí.

Escríbele una carta.

Menciona:

• cómo es tu región

• sitios de interés para visitar

• una actividad especial que vais a hacer juntos

• qué hiciste durante las vacaciones de verano el año pasado.

Escribe aproximadamente **90** palabras en **español**. Responde a todos los aspectos de la pregunta.

(16 marks)

The three key questions in the **skills boosts** will help you convey information and opinions clearly.

1 How do I ensure that I address the requirements of the task?

2 How do I convey opinions clearly and without ambiguity?

3 How do I avoid using over-ambitious language?

In order to ensure that your answer conveys the right information, the first thing you need to do is to read the full question carefully to make sure you understand it correctly.

(1) Look at the exam-style question from page 1 again and answer the questions below. Tick ✓ the correct number.

a What is the situation described in the introduction?

A You are going to Spain to stay with Miguel and his family. ☐

B Your Spanish friend is coming to stay with you. ☐

C Miguel is on holiday near you and wants tourist advice. ☐

b What does the first bullet point ask for?

A a bit about how your area was in the past ☐

B a description of what your region is like ☐

C your opinion when you first came to the region ☐

c What should you write about to answer the second bullet point?

A countries that you would recommend visiting ☐

B some places that you have visited recently ☐

C ideas for good places to visit ☐

d What does the third bullet point require you to cover?

A one particular activity that you will both do ☐

B a family event that you will be celebrating ☐

C a special activity that you did recently ☐

e What is required by the fourth bullet point?

A your plans for the summer holidays ☐

B asking Miguel what he did last summer ☐

C stating what you did last year during the holidays ☐

(2) Also, remember that you can pick up vocabulary, hints and tips from the question itself when you write your answer. Look at the exam-style question again and fill in ✏ the table with answers in Spanish.

a	to spend	*pasar*
b	area	
c	is coming	
d	places of interest	
e	gender (masculine/feminine) of *actividad*	

How do I ensure that I address the requirements of the task?

You can achieve this mainly by reading each question very carefully and by being aware of what exactly each bullet point is asking for. You will need to pay close attention to the specific vocabulary and to the tenses used in the bullet point, as these must be reflected in your answer.

(1) Look at the first few words of each response to the bullet points from the exam-style question on page 1. Tick ✓ the correct response and make a note ✐ of why the other two responses are wrong. The first one is done as an example.

Exam-style question

Escríbele una carta.

Menciona:

• cómo es tu región

Example A | La zona donde vivo no es muy verde porque hay mucha industria | ✓

B | Hace muchos años la agricultura dominaba en esta zona | | *Wrong tense.*

C | Cuando era pequeño, vivía en un pueblo en el sur | | *Doesn't answer the question*

Exam-style question

• sitios de interés para visitar

a A | Mis amigos y yo fuimos a muchos sitios interesantes | | ....

B | Mi ciudad es muy ruidosa y no me gusta vivir aquí | | ....

C | Cuando vengas, hay varios museos que podríamos visitar | | ....

Exam-style question

• una actividad especial que vais a hacer juntos

b A | Durante tu visita, va a haber una fiesta para el cumpleaños de mi papá | | ....

B | Tenemos un plan con muchas actividades individuales | | ....

C | Anoche, tuvimos una cena especial en casa para celebrar | | ....

Exam-style question

• qué hiciste durante las vacaciones de verano el año pasado.

c A | En agosto vamos a pasar dos semanas en Tenerife | | ....

B | En general, prefiero ir al extranjero porque hace buen tiempo | | ....

C | Las vacaciones pasadas hicimos camping en el sur de Francia | | ....

② How do I convey opinions clearly and without ambiguity?

You will often want to use *gustar* and *encantar* to express opinions and, as these verbs work differently to others, it is important to understand how to use them.

① Circle Ⓐ the correct verb in each sentence and underline Ⓐ the thing that is liked.

> Use *gusta* / *encanta* if what you like is a singular noun or a verb (*Me gusta* <u>el hotel</u> / *Me encanta* <u>viajar</u>). Use *gustan* / *encantan* if what you like is a plural noun (*Me gustan* <u>los jardines</u>).

Example Me *encanta* /⟨*encantan*⟩ <u>los apartamentos</u> de ese complejo.

a Me *gusta* / *gustan* mucho las playas limpias y tranquilas.

b Me *encanta* / *encantan* alojarme en hoteles con vistas al mar.

c Me *gusta* / *gustan* los deportes acuáticos porque soy buen nadador.

d Me *encanta* / *encantan* los platos regionales y los productos típicos de mi región.

② Circle Ⓐ the correct pronoun in each sentence.

> When you are talking about other people, change the pronoun *me* as follows: you (singular) → *te*; he / she → *le*, we → *nos*, you (plural) → *os*; they → *les*.

a Mis padres van a menudo a Canadá. No *nos* / *le* / *les* gusta mucho el calor.

b Pablo y yo esperamos ir a Roma pronto. *Te* / *Nos* / *Les* encanta hablar italiano.

c Siempre vas a México de vacaciones. ¿*Me* / *Te* / *Le* gusta la comida de allí?

d Gabriela va a hacer un crucero en mayo. *Te* / *Le* / *Les* encanta viajar por mar.

③ Write ✏ the correct form of *preferir* or *odiar* / *detestar* in each gap, taking into account the sense of the sentence and the person involved.

> Other verbs expressing (dis)likes and preferences, like *odiar*, *detestar*, *preferir* behave like ordinary verbs. They don't use indirect object pronouns (so you won't use *me* in front of them). *Odiar* and *detestar* are regular *-ar* verbs. *Preferir* has the usual endings for an *-ir* verb, but is radical-changing: *prefiero*, *prefieres*, etc.

a Andrea quiere tener un apartamento porque
.... la privacidad y la tranquilidad.

b Mis padres quieren ir a esquiar en febrero, pero mi hermana
.... los deportes de nieve.

c Nunca volvemos al mismo sitio porque
.... explorar un país diferente cada año.

d Para mí, lo peor de las vacaciones es volver a casa.
.... deshacer las maletas.

④ On paper, answer ✏ the questions with your own opinion, giving a short reason. Check your verb endings and the use of pronouns.

a ¿Qué opinas de hacer camping?

b ¿Cuál es tu opinión sobre ir de vacaciones con la familia?

c ¿Qué opinas de probar la comida extranjera cuando vas de vacaciones?

d ¿Qué piensas de visitar monumentos y museos cuando estás de vacaciones?

e ¿Qué opinas de los cruceros?

3 **How do I avoid using over-ambitious language?**

Before you start writing your answer, take time to think about what you are going to say and make a few notes. It is best to write these notes in Spanish so that you are focussing on ideas that you can express and on vocabulary that you do know.

1 Which of the following activities would you feel confident writing about in order to answer bullet point three of the exam-style task: 'Menciona una actividad especial que vais a hacer juntos'? Tick ✓ the relevant activity and then make notes 🖉 on paper in Spanish.

When thinking about the 'actividad especial', you might consider writing about abseiling down the front of your school for charity. However, if you take a moment to consider, it is not very likely that you will have the appropriate vocabulary to convey all you want to say, so you should choose a topic you are more confident with.

- an important football match you are going to

- a birthday celebration that is planned

- a family meal in a restaurant for a special occasion

- a night at the theatre

- a charity concert at school that you are helping to organise

An extremely useful skill to develop is **paraphrasing**, which means expressing the same idea in a different way. First, paraphrase into English to ensure you use language you know to be correct rather than guessing or translating literally from English.

2 **a** For each English sentence (**i–v**), there are two options: a Spanish paraphrase and a literal translation into Spanish. Circle Ⓐ the paraphrased option (**A** or **B**).

i We are going to fly to Alicante.	A Nos vamos a volar a Alicante.
	B Nos vamos a Alicante en avión.
ii My uncle is giving us a lift to the airport.	A Mi tío nos está llevando al aeropuerto en coche.
	B Mi tío nos está dando un ascensor al aeropuerto.
iii My mum doesn't have her driving licence.	A Mi madre no tiene la licencia conductora.
	B Mi madre no tiene su carné de conducir.
iv The car ran out of petrol.	A El coche corrió fuera de gasolina.
	B El coche se quedó sin gasolina.
v I'm really looking forward to the next holidays.	A Estoy deseando que lleguen las próximas vacaciones.
	B Estoy mirando hacia delante a las vacaciones.

b On paper, paraphrase 🖉 these English sentences, avoiding the underlined pitfall, and then put them into Spanish.

Example I can't <u>stand</u> camping. *I hate camping. – Odio hacer camping.*

i   We're <u>struggling</u> <u>to</u> decide where to go on holiday.

ii I don't like the idea of <u>sailing</u>.

iii On planes, I <u>flick through</u> the magazines.

iv We spent the week in a pretty little <u>cottage</u>.

Unit 1 Conveying information and opinions clearly   **5**

Sample response

Two different students have tackled the fourth bullet point of the exam-style question on page 1. Look at their answers below.

• qué hiciste durante las vacaciones del año pasado.

A

El julio pasado alquilamos un apartamento en Grecia por dos semanas. Me encantan las vacaciones al sol; pasamos varios días en la playa, tomando el sol y nadando en el mar. Sin embargo, prefiero ver los sitios de interés de un país así que hicimos varias excursiones a varios pueblos y ciudades hermosos.

B

En general, voy a Florida durante las vacaciones. Me gusta los parques de atracciones; me prefiero Florida porque hace calor. Los parques temáticos son muy divertidos y los restaurantes tienen hamburguesas deliciosas. Un día quiero moverme a América.

(1) Response A is better than response B, but why? Think about what is wrong with the less successful response; a teacher has already underlined the grammar mistakes. Complete ✎ the table to help you compare the answers.

Which answer...	A ✓	B ✓	How is this done? (note the Spanish words used)
responds using the right tense?			
answers the question?			
uses gustar / encantar correctly?			
uses other opinion verbs accurately?			
guesses at vocabulary instead of using a safe paraphrase?			

(2) Using the planning notes below, write ✎ a response in Spanish to the fourth bullet point of the exam-style question on page 1. Also refer to the table in (1) to guide you.

Planning notes: dónde / alojamiento / actividades / opiniones / razones

....
....
....
....
....

Your turn!

You are now going to plan and write your own response to the exam-style question from page 1.

1. To plan your answer, jot down ✏️ your ideas in English and then add words and phrases in Spanish you could use under the 'Planning notes' section.

Bullet point	Idea	Planning notes
cómo es tu región		
sitios de interés para visitar		
una actividad especial que vais a hacer juntos		
qué hiciste durante las vacaciones del año pasado		

2. Now put your ideas together and write ✏️ a 90-word answer. Once you have finished, use the checklist to review your response. ✓

Checklist In my answer do I...	✓
use the right tense?	
answer the question?	
use *gustar / encantar* accurately?	
use other opinion verbs accurately?	
use language I know to be correct?	
paraphrase when necessary?	

Review your skills

Check up

Review your response to the exam-style question on page 1. Tick ✓ the column that shows how well you think you have done each of the following.

	Not quite ✓	Nearly there ✓	Got it! ✓
ensured that I addressed the requirements of the task	☐	☐	☐
conveyed opinions clearly and without ambiguity	☐	☐	☐
avoided using over-ambitious language	☐	☐	☐

Need more practice?

On paper, plan and write ✎ your response to the exam-style question below. Refer to the checklist on page 7 when you review your answer.

Exam-style question

Tu amiga española acaba de volver de vacaciones. Te escribe para preguntarte sobre las vacaciones y tus planes para el verano.

Escríbele una carta.

Menciona:

• tus vacaciones favoritas hasta ahora
• el debate de la familia sobre dónde ir de vacaciones
• dónde prefieres alojarte cuando estás de vacaciones
• tus otros planes para el verano.

Escribe aproximadamente **90** palabras en **español**. Responde a todos los aspectos de la pregunta.

(16 marks)

How confident do you feel about each of these **skills**? Colour in ✎ the bars.

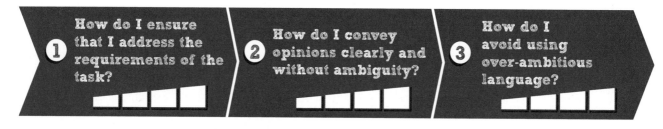

1 How do I ensure that I address the requirements of the task?

2 How do I convey opinions clearly and without ambiguity?

3 How do I avoid using over-ambitious language?

② Giving sufficient detail

This unit will help you to spot and use opportunities to develop your answers. Giving enough detail contributes to showing off your range of language. The skills you will build are to:

- give your responses a context
- use adverbs and adverbial phrases
- provide examples.

In the exam, you will be asked to tackle writing tasks such as the ones below. This unit will prepare you to write your own response to these questions.

Exam-style question

Tu amiga española, Alicia, está de exámenes. Te escribe para preguntarte sobre tu instituto y tus planes de trabajo en el futuro. Escríbele un correo electrónico.
Menciona:

- lo bueno de tu instituto
- una clase que te gustó recientemente
- un aspecto de tus estudios que te preocupa
- tus ideas para el trabajo en el futuro.

Escribe aproximadamente **90** palabras en **español**.
Responde a todos los aspectos de la pregunta.   (16 marks)

Remember to read the question carefully to ensure you understand it and to note where the past and future questions are.

Exam-style question

Tu amigo mexicano, Diego, empieza un nuevo instituto porque se ha ido a vivir en Oaxaca. Te escribe para preguntarte sobre tu instituto y tus ideas para los estudios en el futuro. Escríbele una carta.
Menciona:

- tus recuerdos del primer día en tu instituto
- cómo van tus estudios en general
- un problema del instituto que tienes que resolver
- tus planes para tus estudios en el futuro.

Escribe aproximadamente **90** palabras en **español**. Responde a todos los aspectos de la pregunta.   (16 marks)

The three key questions in the **skills boosts** will develop your skills in order to give sufficient detail.

 How do I give my responses a context?

 How do I use adverbs and adverbial phrases?

 How do I provide examples?

This is a student's homework, written in answer to the first exam-style question on page 9. His teacher gave him his first version back and asked him to do it again. You can see the teacher's comments in red.

Exam-style question

Menciona:

- lo bueno de tu instituto
- una clase que te gustó recientemente
- un aspecto de tus estudios que te preocupa
- tus ideas para el trabajo en el futuro.

A

> El uniforme es bastante elegante. La historia fue interesante. Hay exámenes pronto y estoy estresado. Quiero trabajar en un museo.

Please do this again and give each statement a context. Ensure you develop the answer fully – to about 90 words!

① Look at version A of the homework. Tick ✓ the statements of the homework review sheet that apply.

☐ statements need linking to question	☐ inaccurate language
☐ too short	☐ doesn't make sense
☐ doesn't answer the question	☐ needs more detail
☐ needs opinions	☐ needs greater range of vocabulary
☐ tenses are wrong	☐ does not showcase what you are capable of

B

> Un aspecto bueno de mi instituto es el uniforme, que es bastante elegante con una chaqueta roja oscura y una corbata de rayas.
> Ayer tuve una clase de historia muy interesante y vimos un vídeo de unas ruinas romanas. Fue fascinante ver la reconstrucción de la casa.
> Dentro de unos meses tenemos exámenes importantes y me siento un poco estresado porque no sé qué debo repasar.
> Cuando sea mayor quisiera trabajar en un museo, organizando y diseñando las exposiciones. Me gustaría estudiar historia en la universidad.

Excellent!
Much better!

② Look at version B.

ⓐ Circle Ⓐ the introductory phrases that set the context for the first and last bullet points.

ⓑ Underline Ⓐ the examples given for the uniform and for working in a museum.

ⓒ Highlight ✐ the adverbs of time used in the answers to bullet points two and three.

ⓓ Write ✐ what the student is worried about and why he is stressed (bullet point three).

....

....

....

....

1 How do I give my responses a context?

Your pieces of writing should read smoothly as a passage of prose (continuous writing) and not as isolated sentences that make little sense on their own. Use introductory phrases to set a context so that the reader does not have to keep looking back at the bullet points in order to understand what you are talking about.

1 Read these introductory phrases. Each one could be used in the task to give a context for one of the bullet points. Write 🖉 the bullet point number (1–4) that best suits each phrase (a–h).

Exam-style question

Menciona:
- lo bueno de tu instituto
- una clase que te gustó recientemente
- un aspecto de tus estudios que te preocupa
- tus ideas para el trabajo en el futuro.

a Una cosa que me inquieta es… ☐

b Lo mejor de mi colegio es… ☐

c Estoy considerando varias posibilidades para una carrera… ☐

d Hicimos un experimento fascinante el otro día en… ☐

e Quizás lo más impresionante de mi escuela es… ☐

f No tengo la menor idea de lo que voy a hacer en el porvenir. ☐

g El martes pasado aprendí algo muy interesante en… ☐

h Ahora mismo hay algo que me pone muy nervioso y es… ☐

2 Read the introductory phrases in 1 again.

a Which phrases are introducing an example? 🖉 _a, b_

b Which phrases contain a superlative (hardest, best, etc.)? 🖉 ....

c Which phrases contain a time phrase? 🖉 ....

3 Develop these items of vocabulary into useful introductory phrases. Choose the correct phrases and write 🖉 them below to complete sentences a–e.

peor / instituto	más difícil / exámenes	mejor / horario
más impresionante / edificio	malo / laboratorios	feo / uniforme

Notice the use of *lo bueno* (the good thing), *lo mejor* (the best thing) and *lo más impresionante* (the most impressive thing) in 1. This is a very useful way of creating a context link to the bullet points.

Example _Lo más feo del uniforme_ es el color.

a .... es que terminamos a las tres.

b .... es la puerta principal que es bonita e histórica.

c .... es que están un poco anticuados.

d .... es que todavía hay casos de intimidación.

e .... es el repaso, que ocupa meses de mi tiempo.

2 How do I use adverbs and adverbial phrases?

Adverbs and adverbial phrases usually convey how something is done, when it is done or where it is done. For example: 'I waited anxiously', 'we often have vocab tests' and 'we travelled everywhere'. They can provide important detail and variety in your writing.

Many adverbs are formed by taking the adjective (*rápido*), making it feminine (*rápida*) and adding *–mente*: *rápidamente*. Note that adjectives ending in *–e* or a consonant do not change in the feminine form: *posible – posiblemente, feliz – felizmente*.

(1) Complete ✏ these sentences with an adverb derived from the adjectives in brackets.

Example Aprobé los exámenes *fácilmente.* .... (fácil)

a .... (normal) tenemos educación física los miércoles.

b No sabía .... (exacto) cómo hacer los deberes.

c El chico intimidaba .... (constante) a los alumnos menores que él.

d En el concierto, tocó la canción .... (perfecto).

e .... (probable) iré a la universidad más cerca de mi casa.

(2) Some adverbs are more often formed with *con* and the noun. Complete ✏ each sentence using the vocabulary box to help you.

con cortesía	courteously	con cuidado	carefully
con frecuencia	frequently	con entusiasmo	enthusiastically
con paciencia	patiently		

a Antes de los exámenes iba a la biblioteca ....

b Hay que tratar a los demás estudiantes ....

c El profesor de dibujo explica todo ....

d Siempre hay que leer las preguntas ....

e Es un chico muy positivo; siempre responde ....

(3) Read this student's description of his school week and make it more interesting by adding ✏ an appropriate adverb of time. Use the vocabulary box to help you or an adverb of your own choosing.

Adverbs of time

a menudo	often
casi nunca	hardly ever
de momento	at the moment
de nuevo	again
por fin	finally
en seguida	straight away
de vez en cuando	from time to time
siempre	always

Los lunes <u>por lo general</u> empezamos con matemáticas y hay una clase más antes del recreo. Durante el descanso, **a** .... salgo al patio para charlar con mis amigos.

Al final del recreo, vamos **b** .... a la próxima clase. A las doce y media, **c** .... es la hora de comer y tenemos mucha hambre.

d .... como las comidas preparadas en el instituto, porque no están mal, pero **e** .... llevo un bocadillo de casa. Por la tarde, tenemos matemáticas **f** .... ¡qué horror!

③ How do I provide examples?

You need to show off your range of vocabulary and a variety of detail. One good way of achieving this is to give examples of the activities you mention or the things that you like.

A student has started to answer the first exam-style question from page 9, but her work is lacking development.

- Lo bueno de mi instituto es que tenemos instalaciones buenas.
- La clase que me gustó más recientemente fue la de historia.
- Un aspecto del instituto que me preocupa es la cantidad de deberes.
- En el futuro quiero ir a la universidad.

① Another student has jotted down some notes when planning her answer to the same question. Which bullet point does each idea relate to? Write 🖉 the correct number (**1–4**) in each box.

Idea	Bullet point	Idea	Bullet point
tres horas cada noche		debate muy interesante	
los laboratorios modernos		tomar un año libre	
la carrera de derecho		un polideportivo bien equipado	
la guerra civil		hechos memorables	
no tengo tiempo para nada más		un curso de cuatro años	
biblioteca enorme		es imposible relajarse	

② Look at the second exam-style question from the start of the unit. Think of two examples that you could give, in addition to the example provided, and write 🖉 them in note form on paper.

Exam-style question

- tus recuerdos del primer día en tu instituto
- cómo van tus estudios en general
- un problema del instituto que tienes que resolver
- tus planes para tus estudios en el futuro.

profesores simpáticos

aprobé los exámenes recientes

la basura por todas partes

estudiar para ser policía

③ Complete 🖉 the sentences with a connective from the box.

por ejemplo   como   porque   ya que

ⓐ Me acuerdo del uniforme .... era demasiado grande y me sentía estúpido.

ⓑ Los idiomas me van bien, ... saqué un sobresaliente en francés.

ⓒ Quiero estudiar algo práctico .... peluquería o cosmetología.

ⓓ El primer día fue una pesadilla .... no conocía a nadie.

④ On paper, add 🖉 a connective to your notes for ② to start developing a fuller answer.

Sample response

These two students have written an answer to the second exam task on page 9. Student A has a problem with providing a context and student B doesn't give enough examples. Look back at Skills Boosts 1 and 3 for ideas on how these answers could be improved.

Exam-style question

Tu amigo mexicano, Diego, empieza un nuevo instituto porque se ha ido a vivir en Oaxaca. Te escribe para preguntarte sobre tu instituto y tus ideas para los estudios en el futuro. Escríbele una carta.

Menciona:

- tus recuerdos del primer día en tu instituto
- cómo van tus estudios en general
- un problema del instituto que tienes que resolver
- tus planes para tus estudios en el futuro.

Escribe aproximadamente **90** palabras en **español**. Responde a todos los aspectos de la pregunta.

(16 marks)

(1) The teacher has put an omission mark (^) where an addition is needed. Write ✎ a suggestion for a suitable introductory phrase or sentence that provides a context.

A | ^ (a) *Fue muy emocionante y me sentí muy elegante en mi uniforme nuevo.* ^ (b) *Se me dan bien las ciencias y empiezo a mejorar en matemáticas.* ^ (c) *No hay una selección muy variada de comida vegetariana.* ^ (d) *Me interesa la economía, o quizás las empresariales.*

a ....

b ....

c ....

d ....

(2) The teacher has put an omission mark (^) where an example is needed. Write ✎ a suggestion for a suitable example that develops the statement.

B | *Me sentí un poco nervioso el primer día que fui al instituto* ^ (a) *. Algunas de mis asignaturas van bien* ^ (b) *. Un problema en el instituto que quiero solucionar es la falta de actividades y clubs* ^ (c) *. En el futuro, continuaré con mis estudios hasta el bachillerato* ^ (d) *.*

a ....

b ....

c ....

d ....

Your turn!

You are now going to plan and write your own response to the first exam-style question from page 9.

Exam-style question

Tu amiga española, Alicia, está de exámenes. Te escribe para preguntarte sobre tu instituto y tus planes de trabajo en el futuro.

Escríbele un correo electrónico.

Menciona:

- lo bueno de tu instituto
- una clase que te gustó recientemente
- un aspecto de tus estudios que te preocupa
- tus ideas para el trabajo en el futuro.

Escribe aproximadamente **90** palabras en **español**. Responde a todos los aspectos de la pregunta.

(16 marks)

1 a Think about how you are going to introduce your response to each bullet point. Jot 🖉 your ideas down here in Spanish.

....
....
....

b What examples can you give to develop your answer to each bullet point? Write 🖉 your ideas in Spanish here.

....
....
....
....

2 Now put your ideas together and write 🖉 a 90-word answer on paper. Once you have finished, use the checklist to review your response. ✓

Checklist In my answer do I...	✓
take account of the tense of each bullet point?	
give a context linking my response to the bullet point?	
use an introductory phrase leading to an example?	
use an introductory phrase featuring a superlative?	
use an introductory phrase featuring a time phrase?	
give examples?	
use a range of adverbs?	

Review your skills

Check up

Review your response to the exam-style question on page 15. Tick ✓ the column that shows how well you think you have done each of the following.

	Not quite ✓	Nearly there ✓	Got it! ✓
gave my responses a context	☐	☐	☐
used adverbs and adverbial phrases	☐	☐	☐
provided examples	☐	☐	☐

Need more practice?

On paper, plan and write ✏ your response to the exam-style question below. Refer to the checklist on page 15 when you review your answer.

Exam-style question

Tu amigo español, Mateo, escribe un artículo para la revista de su instituto. Te escribe para preguntarte sobre tu experiencia de la educación secundaria.

Escríbele una carta.

Menciona:

- un horario típico de la semana
- una visita que hiciste con el instituto
- los deberes
- una actividad que vais a hacer en el instituto en el futuro.

Escribe aproximadamente **90** palabras en **español**. Responde a todos los aspectos de la pregunta.

(16 marks)

How confident do you feel about each of these **skills**? Colour in ✏ the bars.

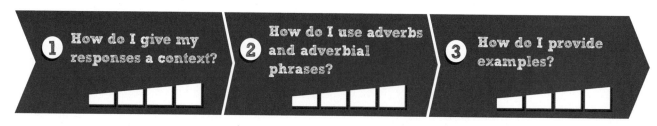

1 How do I give my responses a context?

2 How do I use adverbs and adverbial phrases?

3 How do I provide examples?

③ Using a wide range of vocabulary

This unit will help you to see and use opportunities to showcase a variety of vocabulary and structures. The skills you will build are to:

- use a wider variety of verbs
- use a wider variety of adjectives
- use idioms.

In the exam, you will be asked to tackle writing tasks such as the one below. This unit will prepare you to write your own response to this question.

Exam-style question

Una revista digital española quiere saber las opiniones de los jóvenes sobre '¿Familia o amigos?'. Decides aportar tus ideas.

Escribe a su sitio web con esta información:

- una situación en que un/a amigo/a te ayudó
- por qué tu familia es importante para ti.

Escribe aproximadamente **150** palabras en **español**. Responde a los dos aspectos de la pregunta.

(32 marks)

The three key questions in the **skills boosts** will help you to see when and how to use a wider range of vocabulary.

 How do I use a wider variety of verbs?

 How do I use a wider variety of adjectives?

 How do I use idioms?

There are many words that we use time and time again. In some cases, this is inevitable (like 'the' and 'of'), but there are plenty of opportunities to extend your range and to bring in more interesting and varied vocabulary.

(1) Some students have been checking each other's work. Student B has commented on Student A's writing about family. Using Student B's suggested vocabulary, replace the underlined words in Student A's text with more interesting vocabulary. ✏️

Student A's writing	Student B's comments
Mi familia no es <u>grande</u>. <u>Hay</u> cuatro personas: mi madre, mi padre, mi hermana y yo. Mis padres <u>son</u> amables y generosos. Los sábados <u>voy con</u> mi padre al fútbol. Los domingos <u>cocino con</u> mi madre en la cocina. Mi hermana es muy difícil y <u>tenemos disputas</u> todo el rato.	This is quite boring and needs some variety. I would try and make it more interesting by varying the vocabulary. You could use words like these instead: acompaño a ayudo a numerosa somos nos peleamos suelen ser

(2) Student A could also have shown off greater breadth of vocabulary by developing his points and including a range of verbs, nouns, adjectives and adverbs. Look at these phrases and work out what they mean. Add ✏️ an omission mark (^) in Student A's amended text in (1) and write ✏️ in the letter of the phrase that fits there.

A   porque nos encanta el ambiente en el estadio.

B   normalmente porque siempre entra en mi dormitorio sin permiso.

C   para preparar la comida tradicional de rosbif y patatas.

D   y me apoyan en todo lo que hago.

(3) How is the overall style of the piece of writing improved by adding the phrases in (2)? Look at the homework review sheet and tick ✓ the descriptions that now apply.

☐ variety of nouns and adjectives used	☐ wide range of tenses
☐ points explained/justified	☐ sentences of varied length
☐ repetition successfully avoided	☐ good range of verbs used

How do I use a wider variety of verbs?

It is easy to fall back on a narrow list of verbs that we use all the time (*tener, hacer, ir, querer*, etc.). In order to build your vocabulary, it is a good idea to learn some different verbs that you can use instead of the same old words.

(1) Look at the following list of verbs which can be used instead of *tener / hacer / ir / querer* in certain situations. Write them into the correct column.

desear	visitar	disponer de
asistir a	participar en	
preparar	tener ganas de	
apetecer	salir	venir

tener	hacer

ir	querer

(2) Complete these sentences by replacing the crossed-out verb with the appropriate verb from the word box.

a Cuando estaba en la ciudad ~~iba al~~ .... los museos.

b Mi padre ~~tiene~~ .... un invernadero en el jardín.

c Me encuentro mal; no ~~quiero~~ .... ir al cine.

d Para la comida decidimos ~~hacer~~ .... una paella.

e Este viernes ~~vamos~~ .... a cenar a un restaurante.

f Mi hermana ~~va a~~ .... clases de baile los martes.

g Pablo ~~va~~ .... a la fiesta conmigo el sábado.

h Hola, Ana. ¿~~quieres~~ .... un café?

i Ayer, ~~hice~~ .... una carrera de ciclismo.

asiste a
dispone de
participé en
preparar
salimos
te apetece
tengo ganas de
viene
visité

Don't forget to note down and learn any new vocabulary.

(3) This student has found some interesting ways to express her ideas, using different verbs from the more common ones. Read her account. Then find and underline (A) the equivalents of the English phrases in the word box. (They are not in the same order as in the text.)

Estoy muy orgullosa de mi familia porque nos llevamos muy bien y lo pasamos fenomenal cuando estamos juntos. Cumplí dieciséis años la semana pasada y no me apetecía hacer una fiesta, así que mis padres se ocuparon de organizar una cena en un restaurante seguida de una visita al teatro para ver mi musical favorito.

I had my 16th birthday
I didn't feel like having
we have a great time
we get on very well
they took charge of organising
followed by

(4) Adapt the Spanish phrases from **(3)** that you have underlined and write them on paper to express the following.

a I get on very well   c I didn't feel like going   e we have quite a good time

b they took charge of preparing   d a film followed by a meal

② How do I use a wider variety of adjectives?

Teachers and examiners will all tell you that too many students resort to *bueno, malo, aburrido* and *interesante* to describe everyone and everything! If you are aiming for a high grade, you should try to impress with the variety that you can bring to your descriptions.

① The adjectives in the word box are all from the 'Me, my family and friends' topic. Divide them into positive and negative characteristics by writing ✎ them into the correct column of the table. Add three more of your own. (Look up any that you don't know.)

activo	afable	alegre	amable	antipático	avaro	cariñoso	celoso
cobarde	comprensivo	cortés	deportista	formal	fuerte	glotón
gracioso	guapo	honrado	maduro	maleducado	molesto	perezoso
simpático	torpe	travieso	vago	valiente

Positive	Negative

② Write ✎ two of the above adjectives in each of the sentences below, checking that they make sense with the rest of the sentence. Try to use different ones each time and don't forget to make them agree.

ⓐ Mi padre es .... y ....; le gusta estar en forma.

ⓑ Mi sobrino es un niño horrible; es .... y ....

ⓒ Lo recomiendo para ese trabajo; es un chico .... y ....

ⓓ Mi hermano me molesta mucho; es .... y ....

ⓔ El personaje principal de la novela es desagradable; es .... y

....

ⓕ Admiro mucho a mi tía; es .... y ....

ⓖ Los niños en mi calle me fastidian; son .... y ....

ⓗ Mi mejor amigo se llama Ricardo; es .... y ....

③ Use the ideas and the vocabulary from this page to write ✎ three sentences about your family.

1 ....

2 ....

3 ....

Skills boost

3 How do I use idioms?

Idioms are expressions that we all use regularly and that give our language colour and variety. In English we have idiomatic expressions like 'she drives me up the wall' or 'he turned a blind eye', but they cannot be translated word for word. By learning some Spanish idioms, you can use them (sparingly!) to give interest and life to your writing.

(1) These idiomatic phrases are very common and not difficult to use. Match ✏ the English equivalent to the Spanish phrases and write ✏ them in the table. (Look up any that you can't work out.)

at the end of the day	
don't mention it	
everywhere	
I don't mind	
I haven't got a clue	
it's about / it's a question of	
probably	
to have a good time	

Spanish	English
a fin de cuentas	
a lo mejor	
de nada	
me da lo mismo	
no tengo ni idea	
pasarlo bien	
por todas partes	
se trata de	

Study these idiomatic expressions that you could use to describe friends and family:

para colmo de males – to cap it all

de buena gana – willingly

fueron de mal en peor – they went from bad to worse

me saca de quicio – s/he drives me up the wall

siempre me toma el pelo – he's always pulling my leg

(2) Complete ✏ the sentences below with the appropriate idiomatic expression from the hint box.

a Me molesta compartir el dormitorio con mi hermana porque ....

b Mi tío es muy gracioso: ....

c Me desperté tarde, la ducha se rompió y, ..., el autobús llegó tarde.

d Desde que suspendió los exámenes, las cosas ....

e Cuando tengo problemas con los deberes, mi padre me ayuda ....

(3) Read the following text about Ana's disastrous date and complete ✏ it with the appropriate idioms from **(1)** and **(2)**.

La segunda vez que salí con Álvaro, tras una discusión, las cosas fueron **a** *(from bad to worse)*
.... cuando encima me dormí en el cine. Luego, **b** *(to cap it all)*
...., ¡empecé a *roncar y dejé caer las *palomitas **c** *(everywhere)*
....! **d** *(I haven't a clue)* .... de lo
que pasó en la película porque cuando me desperté la palabra 'Fin' apareció en la pantalla. **e** *(Probably)*
.... esa fue la razón por la que no me invitó a salir otra vez; es difícil
f *(to have a good time)* .... cuando tu novia está dormida a tu lado.

*roncar – to snore   *palomitas – popcorn

Unit 3 Using a wide range of vocabulary   21

Sample response

These pieces of writing are responses to the first bullet point of the exam-style question on page 17 (*una situación en que un/a amigo/a te ayudó*). Student A's answer is a good example of an answer that showcases a range of verbs, adjectives and idioms. Student B's answer is in need of help!

(1) Pick out and highlight ✎ with different colours the verbs, adjectives and idioms that show off the writer's broad range of vocabulary. Then translate the text and write ✎ your answer in the space below.

A

> Mi amiga, Gabriela, puede ser tonta a veces, pero cuando se trata de las matemáticas, es muy lista. El año pasado, yo tenía grandes problemas en la clase de matemáticas y no tenía ni idea de cómo iba a aprobar el examen. Ella me animó y me apoyó de muy buena gana, y se ocupó de organizarme un programa de repaso. Gabriela es muy amable y comprensiva y, con su ayuda, saqué una buena nota en el examen.

....

....

....

....

....

....

....

....

(2) Student B didn't have the vocabulary to express what he wanted and just wrote his ideas down in English in note form. Replace ✎ each English word or phrase with a suitable one in Spanish to help him convey his ideas better.

B

> El año pasado yo **a** *(fought)* .... con mis padres porque
>
> **b** *(they used to drive me up the wall)* .... con
>
> todo. Decían que yo era **c** *(lazy)* .... y **d** *(rude)*
>
> .... pero, en mi opinión, lo que hago en mi
>
> tiempo libre no tiene nada que ver con ellos. Mi amigo Ricardo, que es muy **e** *(understanding)*
>
> .... y **f** *(mature)* ....,
>
> organizó una reunión entre mis padres y yo para hablar de todo. Llegamos a un acuerdo
>
> **g** *(willingly)* .... sobre varios asuntos importantes y ahora
>
> **h** *(we get on better)* ....

Your turn!

You are now going to plan and write your own response to the exam-style question from page 17.

exam-style question from page 17.

Exam-style question

Una revista digital española quiere saber las opiniones de los jóvenes sobre '¿Familia o amigos?'. Decides aportar tus ideas.

Escribe a su sitio web con esta información:

- una situación en que un/a amigo/a te ayudó
- por qué tu familia es importante para ti.

Escribe aproximadamente **150** palabras en **español**. Responde a los dos aspectos de la pregunta.

(32 marks)

In the second writing task in the exam you are given credit for the range of vocabulary and structures that you use and for your handling of more complex sentences. There are 12 marks available for this.

(1) Think about the adjectives you could use to describe your friend and the members of your family. Jot 🖉 the Spanish adjectives down here.

....

....

....

....

(2) What verbs and idioms could you use in your writing to show your range of vocabulary? Look back at Skills Boosts 1 and 3 for ideas. Write 🖉 them below.

....

....

....

....

(3) Now put your ideas together and, on paper, write 🖉 a 150-word answer. Once you have finished, use the checklist to review your response. ✓

Checklist In my answer do I...	✓
answer both parts of the question?	
satisfy the word count?	
give opinions?	
give reasons and justifications?	
use a range of different adjectives?	
use a varied range of verbs?	
use any idioms?	

Review your skills

Check up

Review your response to the exam-style question on page 23. Tick ✓ the column that shows how well you think you have done each of the following.

	Not quite ✓	Nearly there ✓	Got it! ✓
used a wider variety of verbs	☐	☐	☐
used a wider variety of adjectives	☐	☐	☐
used idioms	☐	☐	☐

Need more practice?

On paper, plan and write ✎ your response to the exam-style question below. Refer to the checklist on page 23 when you review your answer.

Exam-style question

La revista española de tu instituto busca contribuciones para su página titulada 'Lo/as Amigo/as'. Decides escribir un artículo.

Escribe un artículo con esta información:

• las características del / de la amigo/a ideal
• un incidente que causó problemas entre tú y tu(s) amigo/a(s).

Escribe aproximadamente **150** palabras en **español**. Responde a los dos aspectos de la pregunta.

(32 marks)

How confident do you feel about each of these **skills**? Colour in ✎ the bars.

1 How do I use a wider variety of verbs?

2 How do I use a wider variety of adjectives?

3 How do I use idioms?

④ Using a wide range of verb tenses and forms

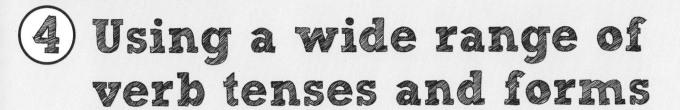

This unit will help you to spot and use opportunities to show off a variety of tenses and different persons of verbs. The skills you will build are to:

- show your ability to use different persons of the verb
- include different past tenses
- use different methods of expressing the future.

In the exam, you will be asked to tackle writing tasks such as the one below. This unit will prepare you to write your own response to this question.

Exam-style question

Un foro en una página web española pide reacciones de los jóvenes sobre la afirmación 'Los jóvenes no hacen nada útil en su tiempo libre'. Decides contribuir con tus ideas.

Escribe a su sitio web con esta información:

- las cosas que tú y tus amigos hacéis en vuestro tiempo libre
- algunas actividades solidarias en las que participaste recientemente.

Escribe aproximadamente **150** palabras en **español**. Responde a los dos aspectos de la pregunta.

(32 marks)

The three key questions in the **skills boosts** will help you to see when and how to showcase your command of verbs and the tenses.

1 How do I show my ability to use different persons of the verb?

2 How do I include different past tenses?

3 How do I use different methods of expressing the future?

The second writing task on the higher paper will require you to write in more than one time frame. It will be clear from the bullet points which tenses are required, so first you need to be sure that you can pick out whether past, present or future is being used.

(1) Look at these bullet points and highlight 🖉 the clues that tell you which time frame you should answer in. The clues may be in the tenses and / or in time phrases. Write 🖉 past, present or future in the spaces provided.

- las actividades que harás cuando estés de vacaciones ....

- un pasatiempo que te gustaba cuando eras pequeño ....

- un club en que participaste la semana pasada ....

- cómo sueles usar la tecnología ....

- un pasatiempo que quieres probar en el futuro ....

- lo que haces normalmente los fines de semana ....

- una actividad que hiciste con tus amigos recientemente ....

- una ocasión en que la tecnología resolvió un problema ....

- los pasatiempos que practica tu familia ....

- qué vas a hacer en la ciudad este fin de semana ....

(2) When writing in different time frames, you will need a range of time phrases. Select the correct English translation from the box and write 🖉 it in the English column. Look up any that you don't know.

Spanish	English
a menudo	
anoche	
ayer	
ahora	
de nuevo / otra vez	
de vez en cuando	
desde	
el porvenir	
esta noche	
pasado mañana	
todavía	
un rato	

a short while
again
at the moment
from time to time
last night
often
since
still
the day after tomorrow
the future
tonight
yesterday

(3) In these sentences, the student has used an incorrect time word / phrase that doesn't match the tense of the verb used. Identify the verb and the time frame, then cross out ⊖ the incorrect time word / phrase and write 🖉 a more appropriate one from **(2)**.

a Pasado mañana participé en una carrera de ciclismo. ....

b No me gustó el bádminton, así que no voy a jugar todavía. ....

c Voy a ver la tele anoche porque hay un programa muy interesante a las ocho.

....

d Estoy leyendo una novela muy buena ayer. ....

e Me encanta la música y toco el piano hasta los ocho años. ....

f Empecé a bailar a los siete años y de nuevo asisto a clases cada jueves.

....

1 How do I show my ability to use different persons of the verb?

You do not need to wait until a question specifically asks you about the actions of other people. You can respond to bullet points that ask about *you* by extending your comments to include other people.

① Look at these verbs in the present tense and identify the person used in each of them. Write ✏ *I, you (singular), he/she/it, we, you (plural)* or *they* according to the endings used.

a dices	*you (singular)*	**e** recibís ....
b vais	....	**f** entiendes ....
c juegan	....	**g** sé ....
d sale	....	**h** se levanta ....

② Match ✏ the two halves of these sentences. Then highlight ✏ the different verbs that show different persons of the verb.

A Tomaré el sol al lado de la piscina…	a pero el deporte principal en mi instituto era el rugby.
B Siempre quería jugar al fútbol…	b y aprendimos a crear bases de datos.
C Asistí a un club de informática…	c ya que mi madre celebraba su cumpleaños.
D Quisiera probar el piragüismo un día…	d mientras mis padres hacen turismo y visitan los monumentos.
E Mi familia y yo salimos a cenar ayer…	e cuando cancelaron mi tren.
F Usé mi móvil para llamar a mis padres, …	f porque mi amigo dice que es muy divertido.

Notice all the useful connectives in the sentences in ②: *pero, aunque, cuando, ya que, mientras, porque.* Try to use a range of them in ③.

③ Complete ✏ the following sentences with a phrase about a different person or people to the one(s) in the first half of the sentence. These sentence halves are in the present tense, but you could complete them in any suitable tense. You could write your answers below or on paper.

Example Normalmente voy a la piscina los domingos por la mañana… *mientras mis padres preparan la comida familiar del domingo.*

a Trabajo en un café los sábados… ....

b Yo leo libros electrónicos en una tableta… ....

c Juego al bádminton en el polideportivo… ....

d Mis amigos y yo vamos a la ciudad por la tarde… ....

e Salimos a comer a veces los domingos… ....

f Mi hermano toca el teclado… ....

g Mis padres dan un paseo con el perro el fin de semana… ....

(2) **How do I include different past tenses?**

It is always possible to bring in references to what you did in the past even if the task does not specifically require you to do so.

Regular preterite
Used for single completed actions in the past
e.g. we went, they found, I bought
-ar verbs: -é, -aste, -ó, -amos, -asteis, -aron
-er / -ir verbs: -í, -iste, -ió, -imos, -isteis, -ieron

Regular imperfect
Used for actions that were ongoing or repeated
e.g. we were going, they used to find, I was buying
-ar verbs: -aba, -abas, -aba, -ábamos, -abais, -aban
-er / -ir verbs: -ía, -ías, -ía, -íamos, -íais, -ían

(1) In these sentences, circle (A) the verb(s), write (✏) the name of the tense above it/them and then translate (✏) the sentence on paper.

> Remember that for -ar and -ir verbs the 'we' form of the verb is identical in the present and the preterite tenses, so you will need to check the context and time phrases to be sure of the tense.
> *Ahora cantamos acompañados de instrumentos.* (present)
> *Anoche cantamos un villancico.* (past)

a No tenía mascotas cuando era pequeño, pero ayer

mis padres compraron un perro.

b Mis padres solían jugar al bádminton, pero cerraron

el polideportivo el mes pasado.

c Cuando viviámos en Nueva York, visitábamos galerías de arte con frecuencia.

d Esta mañana cuando salí para coger el tren, hacía mucho frío.

e Martín escribió un mensaje a su primo, que trabajaba en Madrid.

(2) **a** When talking about activities you **used to do** when you were little you use the **imperfect**. Complete (✏) this sentence on paper with three things you used to do: *Cuando era pequeño/a...*

b When talking about activities you **did** yesterday you use the **preterite**. Complete (✏) this sentence on paper with three things you did: *Ayer...*

(3) In this exercise, the bullet points ask about the present, but you can showcase past tenses too by developing your point and giving an example from the past. Complete (✏) the sentences.

- tus actividades favoritas

  Me encantan todos los deportes. *Estoy contento porque ayer mi equipo de baloncesto ganó la liga.*

- cómo usas la tecnología

  Creo que uso la tecnología todos los días... ....

  ....

- adónde sales con tus amigos

  A veces salimos a la ciudad... ....

  ....

- lo que haces los fines de semana

  Hago bastantes cosas los fines de semana... ....

  ....

(3) How do I use different methods of expressing the future?

There are two tenses that convey future action, the near future and the future tense. However, you can also express plans for the future by saying you *want / hope / plan* to do something.

Near future
Equivalent of *'going to + verb'*
voy, vas, va, vamos, vais, van + infinitive

Future tense
Equivalent of *'will + verb'*
Take the infinitive of the verb and add:
-é, -ás, -á, -emos, -éis, -án

(1) This student has forgotten how to form the future tenses and has left her verbs in English (in brackets). Work out the subject of the verb and then write 🖊 in the missing verb in Spanish.

(a) Tengo que ir a la zapatería porque (*going to buy*) <u>voy a comprar</u> unas botas.

(b) El barco sale de Barcelona y (*will travel*) .... a las Islas Baleares.

(c) Mis abuelos (*will arrive*) .... a las cuatro el viernes.

(d) Cristina, ¿(*going to help*) .... en la tienda solidaria este sábado?

(e) No me gusta el norte; un día (*going to live*) .... en la costa del sur.

(f) Mi amigo español dice que (*will write*) .... una carta cada semana.

(2) You can showcase your command of the future even in questions that target the present tense. On paper, respond 🖊 to these bullet points in the present tense and then extend your answer to include a reference to the future.

• tus pasatiempos favoritos

<u>Me encanta pintar y dibujar y este domingo voy a empezar una clase de arte en un club en mi pueblo.</u>

• el ejercicio que haces

• algunas actividades que haces con tu familia

• cómo usas las redes sociales

> To show off a range of vocabulary and different ways to express future action, you can also use the following verbs:
>
> *esperar* + infinitive – to hope to
> *tener intención de* + infinitive – to intend to
>
> *querer* + infinitive – to want to
> *pensar* + infinitive – to plan to

(3) Complete 🖊 the sentences using all of the above expressions and say what you are going to do. On paper, write 🖊 the sentences again using a variety of persons (singular and plural).

(a) Me encanta el tenis y mañana (*take part in a tournament*) <u>espero participar en un torneo.</u>

(b) La ciudad es muy histórica y esta tarde (*visit the museum*) ....

(c) Los monumentos son fascinantes y hoy (*go to the castle*) ....

(d) No me gusta el color de mi dormitorio y el sábado (*paint the walls*) ....

(e) Pronto será Navidad y mañana (*buy some presents*) ....

(f) Necesito hacer más ejercicio y pronto (*sell my videogames*) ....

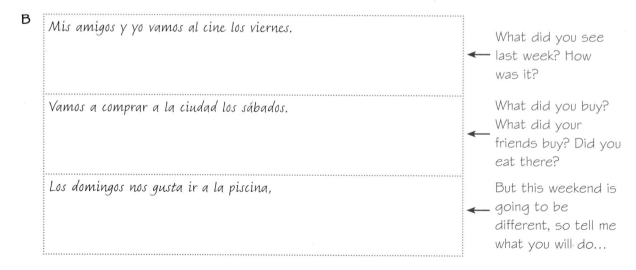

Sample response

Look at the following two responses to the first bullet point from the task on page 25. Student A has taken many opportunities to show his skill with different tenses and forms of the verb. The response by student B needs much more development.

Look at the following two responses to the first bullet point from the task on page 25.

Exam-style question

Escribe a su sitio web con esta información:

• las cosas que tú y tus amigos hacéis en vuestro tiempo libre

(1) Read the response from student A.

A

> Mis amigos y yo hacemos una gran variedad de actividades en nuestro tiempo libre,
>
> principalmente juegos y deportes. Mis amigos suelen ser aficionados al fútbol, pero yo soy fanático
>
> del rugby y este fin de semana mi familia y yo vamos a ir a un partido importante en el estadio.
>
> Durante el verano juego al tenis con mi amigo David. Participamos en un torneo el sábado pasado
>
> y él ganó todos sus partidos. Desafortunadamente perdí la mayoría de los míos, pero espero
>
> mejorar con más práctica.

a Highlight all the conjugated verbs.

b Above each verb, write PR (present), PRT (preterite), IMP (imperfect), FUT (future) or NF (near future).

c Add which person of the verb is used: *I, you (singular), he/she/it, we, you (plural)* or *they.*

(2) Read the response from student B, who can't think what else to say, and the suggestions from his teacher. Add some sentences to his response, using the teacher's suggestions to guide you.

B

> Mis amigos y yo vamos al cine los viernes.
>
> Vamos a comprar a la ciudad los sábados.
>
> Los domingos nos gusta ir a la piscina,

What did you see last week? How was it?

What did you buy? What did your friends buy? Did you eat there?

But this weekend is going to be different, so tell me what you will do...

Your turn!

You are now going to plan and write your own response to the exam-style question from page 25.

Exam-style question

Un foro en una página web española pide reacciones de los jóvenes sobre la afirmación 'Los jóvenes no hacen nada útil en su tiempo libre'. Decides contribuir con tus ideas.

Escribe a su sitio web con esta información:

- las cosas que tú y tus amigos hacéis en vuestro tiempo libre

- algunas actividades solidarias en las que participaste recientemente.

Escribe aproximadamente **150** palabras en **español**. Responde a los dos aspectos de la pregunta.

(32 marks)

(1) Indicate 🖊 what tense is a **requirement** in your response to each bullet point:

Bullet point 1 ....

Bullet point 2 ....

(2) Jot down 🖊 your ideas in English for the activities you are going to mention and state whether you will use the present, past or future for each one.

....

....

....

....

(3) Think of ways you could incorporate *esperar, querer, tener la intención de* or *pensar*.

Note down 🖊 your ideas for phrases you could use:

....

....

(4) Now put your ideas together and, on paper, write 🖊 a 150-word answer. Once you have finished, use the checklist to review your response. ✓

Checklist In my answer do I...	✓
answer both parts of the question?	
satisfy the word count?	
respond in the required tense?	
use different persons of the verb?	
use past tenses?	
use future tenses?	
use other verbs like *esperar / tener la intención de* to express future plans?	

Review your skills

Check up

Review your response to the exam-style question on page 31. Tick ✓ the column that shows how well you think you have done each of the following.

	Not quite ✓	Nearly there ✓	Got it! ✓
showed ability to use different persons of the verb	☐	☐	☐
included different past tenses	☐	☐	☐
used different methods of expressing the future	☐	☐	☐

Need more practice?

On paper, plan and write 🖉 your response to the exam-style question below. Refer to the checklist on page 31 when you review your answer.

Exam-style question

Una página web española busca opiniones sobre la tecnología nueva y decides escribir tus ideas en el foro.

Escribe tus ideas sobre:

• los beneficios de Internet

• algunos cambios que vamos a ver en el uso de la tecnología en el futuro.

Escribe aproximadamente **150** palabras en **español**. Responde a los dos aspectos de la pregunta.

(32 marks)

How confident do you feel about each of these **skills**? Colour in 🖉 the bars.

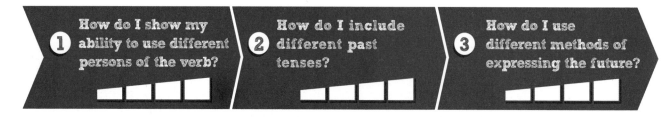

1 How do I show my ability to use different persons of the verb?

2 How do I include different past tenses?

3 How do I use different methods of expressing the future?

⑤ Using a wide range of grammatical structures

This unit will help you to showcase your command of Spanish by using a range of structures to create variety and sophistication. The skills you will build are to:

- enhance your writing by using different subordinate clauses
- avoid repetition by using a range of pronouns
- use set phrases that feature the subjunctive.

In the exam, you will be asked to tackle writing tasks such as the one below. This unit will prepare you to write your own response to this question.

Exam-style question

Tu instituto organiza un intercambio con un instituto español. Los estudiantes tienen que crear un folleto sobre la ciudad y la región para mandar a los alumnos españoles.

Escribe tu contribución al folleto con esta información:

- cómo era tu región en el pasado
- las atracciones de la ciudad para el visitante.

Escribe aproximadamente **150** palabras en **español**. Responde a los dos aspectos de la pregunta.

(32 marks)

The three key questions in the **skills boosts** will help you develop your ability to produce varied and sophisticated language.

 1 How do I enhance my writing by using different subordinate clauses?

 2 How do I avoid repetition by using a range of pronouns?

 3 How do I use set phrases that feature the subjunctive?

This piece of writing is in response to bullet point 1 in the exam-style question on page 33. The teacher has made some comments about it.

Exam-style question

- cómo era tu región en el pasado

Great vocab and excellent use of the imperfect. Accurate throughout.

Now try to vary the length of your sentences and find ways of not repeating the same language.

Mi región es muy turística hoy en día. Antes mi región era muy agrícola. Tenía muchos campos. En los campos cultivaban cereales. Había muchas vacas. Las vacas producían leche. Producían la leche para hacer el queso. También había muchas ovejas. Las ovejas producían lana. Usaban la lana de las ovejas para producir los textiles y la ropa. Era una región bastante próspera. Había casas grandes. Había un teatro y una catedral importante.

① ⓐ Read the answer and underline Ⓐ the examples of the imperfect, as flagged in the teacher's comments.

ⓑ Highlight 🖉 the vocabulary that is repeated.

② Help the student to follow the teacher's advice. Amend 🖉 the different sections as in the example:

Example | Mi región es muy turística hoy en día. En el pasado mi región era muy agrícola.

Rewrite by joining the two sentences with *pero* and omitting the repetition.

Mi región es muy turística hoy en día, pero antes era muy agrícola.

ⓐ | Tenía muchos campos. En los campos cultivaban cereales.

Rewrite by joining the two sentences with *donde* and omitting the repetition.

....

ⓑ | Había muchas vacas. Las vacas producían leche.

Rewrite by joining the two sentences with *que* and omitting the repetition.

....

ⓒ | Producían la leche para hacer el queso.

Rewrite by using 'to use' instead of repeating *producían* from the previous sentence.

....

ⓓ | También había muchas ovejas. Las ovejas producían lana. Usaban la lana de las ovejas para producir los textiles y la ropa.

Rewrite linking sentence 1 and 2 with *que* and joining sentence 3 with 'in order to create textiles and clothes'.

....

ⓔ | Era una región bastante próspera. Había casas grandes. Había un teatro y una catedral importante.

Use your own ideas to link these three sentences.

....

....

How do I enhance my writing by using different subordinate clauses?

Your writing will be much improved by using a range of subordinate clauses. They allow you to develop your point, give more details and bring greater variety of writing style.

① Match 🖉 the beginning of the sentence to its other half. Highlight 🖉 the link word / phrase that joins the two halves.

A Voy a las tiendas en la ciudad…	a mientras mi madre va a la carnicería.
B Espero pintar mi dormitorio este sábado…	b aunque es verdad que llueve bastante.
C Mi padre hace la compra en el supermercado…	c así que piensan construir un parque infantil.
D A la izquierda está el ayuntamiento…	d como les recomendaron.
E No tenemos temperaturas muy bajas…	e ya que no me gusta nada el color.
F No hay nada para los niños…	f cuando hay rebajas.
G Los turistas visitaron los edificios históricos…	g si hace buen tiempo.
H Me encanta hacer senderismo en el campo…	h donde mi hermana trabaja como secretaria.

② Complete 🖉 the sentences by inserting an appropriate link word from ① in each sentence.

Example Tenemos un problema enorme con el tráfico *así que* van a crear una zona peatonal.

ⓐ .... el cine sigue siendo muy popular, poca gente va al teatro.

ⓑ Necesitamos nuevas instalaciones para los jóvenes .... pidió el ayuntamiento hace dos años.

ⓒ Hay demasiados visitantes en el pueblo .... se celebran las fiestas mayores.

ⓓ Salí a comprar un regalo para papá .... mis padres estaban en la biblioteca.

ⓔ Ahora tenemos un parque .... estaba la vieja fábrica.

ⓕ No llevo el coche al centro .... es casi imposible aparcar allí.

ⓖ Llegarás antes de las ocho .... coges el tren de las cinco.

③ On paper, complete 🖉 these sentences with an appropriate link word and a subordinate clause.

ⓐ Mucha gente valora el paisaje en la región…

ⓑ Mi ciudad es muy bonita en la primavera…

ⓒ No tenemos muchos problemas con la contaminación…

ⓓ Hay una falta de vivienda en el pueblo…

ⓔ Ofrecen una variedad de deportes en el polideportivo…

ⓕ Mi amiga trabaja en la cocina del restaurante…

ⓖ En las afueras del pueblo hay un río…

ⓗ A veces salimos al cine los viernes…

2 How do I avoid repetition by using a range of pronouns?

Repetitive language can make an otherwise good piece of writing seem dull and unimaginative. A good way of avoiding the repetition of nouns is to use pronouns. This page will help you learn to use object pronouns effectively.

1 a Circle Ⓐ the correct object pronoun to stand for the underlined noun.

Example <u>La exposición</u> en el museo es excelente. (La)/ lo / me vi la semana pasada.

Object pronouns

me / to me	me	us / to us	nos
you (s) / to you	te	you (pl) / to you	os
him / it (m)	lo	them (m)	los
her / it (f)	la	them (f)	las
to him / her	le	to them	les

i Tengo <u>las entradas</u> para el teatro. Los / les / las compré ayer.

ii <u>El bosque</u> es muy hermoso. Los vecinos la / lo / le aprecian mucho.

iii Mi <u>dormitorio</u> está muy desordenado. Lo / la / le limpiaré esta tarde.

iv No tenemos una <u>biblioteca</u> en el pueblo. Lo / la / le cerraron el año pasado.

v Perdí mis <u>gafas</u>, pero luego los / las / les encontré en la cocina.

b Now translate ✐ the sentences from **a** on paper.

Example _The exhibition in the museum is excellent. I saw it last week._

2 Complete ✐ the exercise adding a pronoun after the infinitive.

When the object pronoun is used with an infinitive, it is often added to the end.

Example (send) ¿Las fotos? _Voy a mandarlas._

a (wear) ¿El vestido? ....

d (find) ¿La llave? ....

b (clean) ¿Los zapatos? ....

e (turn off) ¿La luz? ....

c (shut) ¿Las ventanas? ....

3 Highlight ✐ the noun that is repeated in the underlined sentences. Then rephrase ✐ the underlined sentence, replacing the repeated noun with a pronoun.

Example Esta blusa es demasiado grande. <u>Devolveré la blusa esta tarde.</u>

La devolveré esta tarde.

Notice that the object pronoun goes in front of conjugated verbs.

a Tiene un coche nuevo. <u>Su padre limpia el coche todos los sábados.</u>

....

b A mi madre le gustaron las flores. <u>Compré las flores en el mercado.</u>

....

c Mi dormitorio es grande. <u>Comparto el dormitorio con mi hermana.</u>

....

d Tenemos persianas en las ventanas. <u>Usamos las persianas en verano.</u>

....

e La catedral es preciosa. <u>Mis primos visitaron la catedral ayer.</u>

....

3 How do I use set phrases that feature the subjunctive?

By learning and using a few set phrases that feature the subjunctive mood, you can impress with your sophisticated use of language.

The subjunctive is a mood that is used very little in English, but it can be found in phrases such as 'Had that been the case...' or 'If I were rich...'. It is used in Spanish in a number of situations, but mostly to convey actions that are not yet fact and, indeed, that might not occur.

1 Read the Spanish sentences. Highlight 🖉 the Spanish phrases which are the equivalent of the English phrases **A–H**. Write 🖉 the letter of the phrase next to each sentence.

a Si fuera posible, sería buena idea construir una bolera en la ciudad. _E_

b El río está en terribles condiciones; hay que limpiarlo antes de que sea demasiado tarde. ....

c Deberían prohibir el tráfico en el centro para que tengamos calles más seguras. ....

d Cuando sea mayor, me gustaría tener una gran casa en el campo. ....

e Mi habitación favorita es la cocina; quizás sea porque es cómoda y acogedora. ....

f Si ganara la lotería, compraría un castillo en Escocia. ....

g En el futuro, pase lo que pase, viviré en una gran ciudad como Londres o Barcelona. ....

h No creo que haya bastantes instalaciones para los jóvenes en el pueblo. ....

A perhaps it's because	**B** before it's too late	**C** I don't think there is/are
D whatever happens	**E** ~~If it were possible~~	**F** if I won the lottery
G so that we have	**H** when I am older	

2 Complete 🖉 the Spanish and English sentences with a suitable subjunctive expression chosen from **1**.

Example Mis padres van a hacer obras en la casa _para que tengamos_ una cocina más grande.
My parents are going to make changes in the house _so that we have_ a bigger kitchen.

a Creo que me gustaría vivir en el extranjero ....
I think that I would like to live abroad ....

b ...., construiría un gimnasio en el sótano de mi casa.
...., I would build a gym in the basement of my house.

c Hay bastantes trabajos en la región y .... mucho paro.
There are quite a few jobs in the area and .... much unemployment.

d No me gusta la ciudad y, ..., no voy a vivir aquí en el futuro.
I don't like the city and, ..., I'm not going to live here in the future.

e Tenemos que salvar estos animales ....
We have to save these animals ....

3 On paper, write 🖉 three sentences in Spanish about your home and / or region using a subjunctive phrase in each one.

Example _Deberían construir una piscina y una bolera para que tengamos más instalaciones para los jóvenes._

Sample response

Read this student's response to the second bullet point of the exam-style question on page 33.

Exam-style question

• las atracciones de la ciudad para el visitante.

> Nuestra ciudad es bastante popular entre los turistas, quizás sea porque está cerca de una zona de montañas y lagos. Tenemos un centro comercial pequeño, aunque no hay una gran variedad de tiendas. Hay una galería muy interesante y los artistas de la región la usan para exhibir sus pinturas. No creo que haya mucho para los jóvenes en el barrio histórico, pero los turistas lo aprecian. Es un sitio bonito donde pueden tomar café o sacar fotos de los edificios antiguos.

1 Complete 🖉 the table with examples from the text.

Examples of link words introducing subordinate clauses	
Examples of object pronouns	
Examples of expressions with the subjunctive	

2 This student was writing about her town and the teacher has indicated areas where she could have used a link word with a subordinate clause (**SC**), object pronoun (**OP**) or expression with subjunctive (**SE**). Rewrite 🖉 the passage making the improvements suggested by the teacher.

>   SC
> Mi pueblo es bastante pequeño. ^ Está cerca de dos ciudades grandes. No es un lugar visitado por
>
>   SE
> los turistas. ^ Es un viejo pueblo minero sin gran interés. Hay un polideportivo en las afueras y
>
>   OP
> usamos _el polideportivo_ para nadar en la piscina o jugar al fútbol y al bádminton. En la calle
>
>   SC
> principal hay varias tiendas. ^ Estas tiendas son una panadería, una carnicería y una farmacia; el
>
>   OP
> ayuntamiento es un edificio muy bonito. Construyeron _el ayuntamiento_ en 1895. Deberían mejorar
>
> el sistema de transporte, SE ~~necesitamos~~ más autobuses para ir a la ciudad.

> Don't forget that object pronouns go in front of conjugated verbs: **Lo** compré – I bought it.

Your turn!

You are now going to plan and write your own response to the exam-style question from page 33.

Exam-style question

Tu instituto organiza un intercambio con un instituto español. Los estudiantes tienen que crear un folleto sobre la ciudad y la región para mandar a los alumnos españoles.

Escribe tu contribución al folleto con esta información:

• cómo era tu región en el pasado

• las atracciones de la ciudad para el visitante.

Escribe aproximadamente **150** palabras en **español**. Responde a los dos aspectos de la pregunta.

(32 marks)

(1) Jot down 🖉 your ideas in English to remind yourself what you are going to mention in each bullet point. Note any opportunities to use a subordinate clause with a link word or an expression with the subjunctive.

....

....

....

(2) Now put your ideas together and write 🖉 a 150-word answer. Once you have finished, use the checklist to review your response. ✓

....

....

....

....

....

....

Checklist In my answer do I...	✓
answer both parts of the question?	
satisfy the word count?	
respond in the required tense?	
use subordinate clauses with link words?	
avoid repetition using an object pronoun?	
use expressions with the subjunctive?	

Review your skills

Check up

Review your response to the exam-style question on page 39. Tick ✓ the column that shows how well you think you have done each of the following.

	Not quite ✓	Nearly there ✓	Got it! ✓
enhanced my writing by using different subordinate clauses	☐	☐	☐
avoided repetition by using a range of pronouns	☐	☐	☐
used set phrases that feature the subjunctive	☐	☐	☐

Need more practice?

On paper, plan and write ✏ your response to the exam-style question below. Refer to the checklist on page 39 when you review your answer.

Exam-style question

Tu amigo español te ha hecho unas preguntas sobre dónde te gustaría vivir.

Escribe una carta a tu amigo con esta información:

• dónde te gustaría vivir

• tu casa ideal del futuro.

Escribe aproximadamente **150** palabras en **español**. Responde a los dos aspectos de la pregunta.

(32 marks)

How confident do you feel about each of these **skills**? Colour in ✏ the bars.

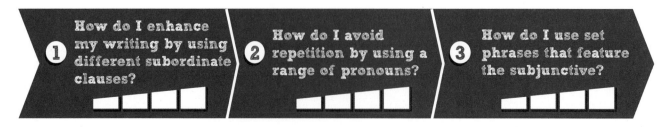

1. How do I enhance my writing by using different subordinate clauses?

2. How do I avoid repetition by using a range of pronouns?

3. How do I use set phrases that feature the subjunctive?

⑥ Maintaining the reader's interest

This unit will help you to produce interesting pieces of writing, both in style and content. The skills you will build are to:

- vary the length of your sentences
- use linking words effectively
- write in an engaging and original way.

In the exam, you will be asked to tackle writing tasks such as the one below. This unit will prepare you to write your own response to this question.

Exam-style question

Tu amigo mexicano te escribió contándote detalles de algunas fiestas en su país.

Escribe un correo electrónico a tu amigo con esta información:

- qué hacéis para celebrar un evento importante en tu familia
- un problema que afectó una actividad en la que participaste recientemente.

Escribe aproximadamente **150** palabras en **español**. Responde a los dos aspectos de la pregunta.

(32 marks)

The three key questions in the **skills boosts** will develop your ability to write in a stylish manner and provide interesting content.

 1 How do I vary the length of my sentences?

 2 How do I use linking words effectively?

 3 How do I write in an engaging and original way?

It is essential to think about what you are going to write about before starting your writing task. Don't start writing it without some form of plan as it can affect your style and you might run out of ideas. Thinking through the details of what you will write about and jotting them down will also help produce a better quality answer.

① Look at the writing task on page 41 and consider the options listed below as topics for the second bullet point. Tick ✓ the ones you might consider including and cross ✗ the ones you reject. Jot down ✐ why you have made each decision. Add ✐ any other options you can think of.

Exam-style question

- un problema que afectó una actividad en la que participaste recientemente.

A meal out with family	✓	plenty to say – problems (argument, bad service, too much noise) – could give examples – could use preterite and imperfect
A concert you attended		
A day at a theme park		
A party you went to		
A Spanish festival you saw		

② In the next few pages you are going to need a range of linking words, in addition to the ones introduced in Unit 5. Match ✐ these Spanish connectives to their English equivalent.

A a pesar de que	a and so
B en cambio	b despite the fact that
C incluso	c even
D sin embargo	d however
E y por eso	e on the other hand

How do I vary the length of my sentences?

Using a lot of short sentences makes a piece of writing sound monotonous, but equally, long and rambling sentences can be hard to follow. The main thing is to vary the sentence length and to have a range of connectives in your repertoire, so you can extend your sentences when you wish.

(1) Rephrase ✏️ sentences **a**–**d** to create one single sentence each time. Use any combination of the connectives *para*, *y* and *porque*.

Example Celebramos los cumpleaños en casa. Hay una cena especial. Mi madre prepara un pastel.

Para celebrar los cumpleaños, hacemos una cena
especial en casa y mi madre prepara un pastel.

> Notice how here a conjugated verb is replaced by *para* + infinitive = in order to. You can use this structure in sentences a, b and d.

a Celebramos las ocasiones especiales en un restaurante. Vamos a un restaurante mexicano. Nos gusta la comida de allí.

....

b Fuimos a Valencia. Queríamos ver las Fallas. Es una fiesta famosa y emocionante.

....

c Me gustaría ir a la Tomatina. Sería muy divertido. Creo que sería una experiencia inolvidable.

....

d Toda la familia se reúne. Celebramos la Navidad. Hay juegos, música y mucha comida.

....

(2) The sentences below are too long and rambling, with the same conjunction (*y*) used to link all the phrases. Break them down into shorter sentences and rewrite ✏️ them on paper, adding an appropriate linking word. Try to vary the connectives you use.

> **Example** *Una celebración en tu casa*
> *Ayer fue el cumpleaños de mi hermana y había una fiesta en casa y vinieron todos sus amigos y había música y todos bailaron y mis padres prepararon perritos calientes y pizzas y se quedaron en la cocina.*

Ayer fue el cumpleaños de mi hermana. Había una fiesta en casa y vinieron todos sus amigos. Primero,
había música y todos bailaron. Mientras tanto, mis padres prepararon perritos calientes y pizzas. Sin
embargo, se quedaron en la cocina.

> **a** *Una fiesta española que viste*
> *La fiesta empezó con un desfile de caballos y hombres y mujeres en trajes tradicionales y hubo una gran hoguera y un espectáculo de fuegos artificiales y había un ambiente increíble y mucha gente en las calles.*

> **b** *Una costumbre española en que participaste*
> *Celebramos el año nuevo con unos amigos españoles e hicimos una cena excelente y jugamos a unos juegos muy divertidos y cantamos canciones tradicionales y mi padre tocó el piano y a medianoche comimos uvas y escuchamos las campanas.*

② How do I use linking words effectively?

Connectives (or linking words) are signposts for the reader. They guide us through a piece of writing flagging up what is extra information and what is presenting an opposing view. Connectives help your writing to achieve clarity and variety.

① i Read the Spanish sentences **a**–**h** and write ✏ which category (**S**, **D** or **R/E**) the underlined word fits into.

Connectives have three main purposes:
- to add extra information of the same kind (**S**)
- to introduce a different viewpoint (**D**)
- to bring in a reason or explanation (**R/E**)

ii On paper, translate ✏ the sentences into English.

We went to eat in a Greek restaurant because it's my sister's favourite place.

Example Fuimos a cenar a un restaurante griego <u>porque</u> es el sitio favorito de mi hermana. *R/E*

a Al final de las fiestas la ciudad está muy sucia, <u>pero</u> los voluntarios la limpian de buena gana. ....

b Un problema es que hay mucho ruido <u>y por eso</u> algunos residentes salen de la ciudad durante las fiestas. ....

c Las corridas de toros son populares todavía en varias partes de España <u>y también</u> crean muchos puestos de trabajo. ....

d Cuando estamos en España, siempre tratamos de ir a alguna fiesta tradicional <u>para</u> disfrutar del ambiente y conocer la cultura. ....

e Algunas personas critican el malgasto de dinero <u>dado que</u> se usan toneladas de tomates durante la celebración de la Tomatina. ....

f No hay duda de que se gastan miles de euros en las fiestas y los fuegos artificiales. <u>Sin embargo</u>, atrae a muchos turistas. ....

g Las fiestas del pueblo son divertidas para todos los residentes y, <u>además</u>, crean un fuerte sentido de comunidad. ....

h Algunas fiestas tienen orígenes religiosos, <u>en cambio</u> otras conmemoran acontecimientos históricos. ....

② Complete ✏ this piece of writing with an appropriate connective from ① or any other suitable connective. Write ✏ **S**, **D** or **R/E** to identify the word as you did in ①.

La Navidad es una época especial en mi casa <u>dado que (R/E)</u> es una oportunidad de reunirnos con parientes que no vemos a menudo. En Nochebuena jugamos a juegos de mesa

a .... vamos a la misa del gallo a las once. Por la mañana,

los niños se levantan temprano; **b** .... saben que no pueden

abrir los regalos hasta después del desayuno. Mi hermano es cocinero profesional

c .... se ocupa de prepararnos una comida tradicional. Por la

tarde, algunos dan un paseo **d** .... hacer un poco de ejercicio

después de comer. **e** ...., los mayores a veces se duermen viendo

una película.

3 How do I write in an engaging and original way?

In order to capture and maintain the interest of your readers, writing about specific events, festivals or celebrations that are personal to you can be engaging to read. Take the opportunity to write about an unusual aspect of a topic and not the same things that everyone is likely to write about. Don't be afraid to use your imagination.

1 a Read these opening responses to the question *¿Qué hiciste para celebrar tu último cumpleaños?* Rate 🖉 them from 1–3, with 1 being the one you would most like to find out more about and 3 the least. Give reasons 🖉 for your ranking, stating what aroused your interest or bored you in the sentences.

A Fui a un festival de música, pero lo pasé mal porque llovió mucho. ⬚

B Para mi cumpleaños, mis padres me llevaron a Madrid para el fin de semana, pero nada salió según los planes. ⬚

C Cuando subimos al coche para ir al parque temático, pregunté a mi padre, porque llevaba una maleta. ⬚

b Choose a response that you did not rate highly in **a**. On paper, rewrite 🖉 it adding an element that might awaken a reader's interest to improve it.

2 Read the opening responses and write 🖉 the letter for the correct situation (**A–C**).

a No hay nada mejor que un día a la orilla del mar y mi familia y yo salimos en el coche muy contentos con la idea de pasar unas horas en la costa. Sin embargo, ¡fue un día de desastres! ....

b La última noche de nuestras vacaciones de esquí cayó tanta nieve que tuvieron que cerrar el aeropuerto. '¿Qué vamos a hacer?' preguntó mi madre, 'Tenéis que ir al instituto mañana.' ....

c El domingo es un día que no me gusta mucho. Suele ser demasiado tranquilo y no hay nada que hacer aparte de los deberes para el lunes. Sin embargo, el domingo pasado fue muy diferente. ....

> **Situations**
> A Flights cancelled
> B Not my usual weekend
> C Seaside nightmare

3 Read the responses in **2** again and tick ✓ the elements listed in the table below that help make each response interesting and engaging.

	Responses		
	a	b	c
Varied sentence length			
Use of connectives			
Variety of tenses			
Different subjects for the verbs			
Punctuation			
Speech			
Adverbs			
Adjectives			
Introduces an unexpected turn of events			

Sample response

If you bring all the ideas from the skills boosts together, you can create really interesting and stylish pieces of writing.

(1) (a) Look at this piece of writing and see how this student has succeeded in maintaining the reader's interest. Look up any vocabulary you don't know and note it down (✐) on paper.

Exam-style question

• qué hacéis para celebrar un evento importante en tu familia

Para los cumpleaños o los aniversarios, nos gusta ir a cenar a un restaurante de calidad. Normalmente, lo pasamos muy bien ya que la comida es excelente. Sin embargo, la última vez que fuimos, mi hermano tomó un plato de gambas preparadas con ajo y aceite. ¡Qué error! Media hora más tarde, empezó a sentirse mal con un dolor de estómago horrible. Después de estar enfermo toda la noche, mi hermano llegó a la conclusión de que tiene alergia a las gambas. ¡Qué lástima! No ha vuelto a comer gambas nunca más.

(b) Highlight (✐) the linking words that extend the sentences.

(c) Underline (A) the two expressions that have a different style and length from the other sentences.

(d) On paper, summarise (✐) in English the episode that the student tells us about.

(2) Join up (✐) the sentence halves with a linking word.

Example

Antes de Navidad, mis padres y yo siempre vamos de compras a Londres;	para	según el pronóstico, las lluvias intensas iban a durar toda la semana.
(a) Abandonamos la caravana y volvimos a casa después de tres días	sin embargo	decidí que ya no quería ir a la fiesta.
(b) Mi padre me dijo que íbamos a Grecia,	porque	este año decidieron llevarme a Barcelona.
(c) Cuando me puse el nuevo vestido descubrí que era demasiado pequeño	y por eso	en el aeropuerto vi que el avión iba a Florida. ¡Qué sorpresa!
(d) Perdí el último autobús y tuve que llamar a mis padres	pero	preguntar si vendrían a buscarme.

(3) Write (✐) a short sentence in English to sum up the content of each of the sentences you have linked in (2).

Example *Christmas shopping trip to Barcelona*

(a) ....

(b) ....

(c) ....

(d) ....

Your turn!

You are now going to plan and write your own response to the exam-style question from page 41.

Exam-style question

Tu amigo mexicano te escribió contándote detalles de algunas fiestas en su país. Escribe un correo electrónico a tu amigo con esta información:

- qué hacéis para celebrar un evento importante en tu familia
- un problema que afectó una actividad en la que participaste recientemente.

Escribe aproximadamente **150** palabras en **español**. Responde a los dos aspectos de la pregunta.

(32 marks)

1 Use the prompts to plan what you are going to mention in each bullet point. Write 🖉 your notes in Spanish.

Bullet point 1

....

....

....

....

Jot down ideas for an introductory sentence (usual ways of celebrating) and then think about a more unusual example of a celebration, whether in the past or the future.

Bullet point 2

....

....

....

....

Jot down ideas and vocabulary to describe an event you were involved in where something went wrong. (It's fine to be inventive here!)

Linking words

....

....

....

Note down any linking words you intend to use, to give variety to the style and length of your sentences.

2 Now put your ideas together and, on paper, write 🖉 a 150-word answer. Once you have finished, use the checklist to review your response. ✓

Checklist In my answer do I...	✓
answer both parts of the question?	
satisfy the word count?	
respond in the required tense?	
use subordinate clauses with linking words?	
use sentences of different length?	
mention unusual aspects of the topic?	

Review your skills

Check up

Review your response to the exam-style question on page 47. Tick ⊘ the column that shows how well you think you have done each of the following.

	Not quite ⊘	Nearly there ⊘	Got it! ⊘
varied the length of my sentences	☐	☐	☐
used linking words effectively	☐	☐	☐
wrote in an engaging and original way	☐	☐	☐

Need more practice?

On paper, plan and write ⊘ your response to the exam-style question below. Refer to the checklist on page 47 when you review your answer.

Exam-style question

Tu amigo español viene a visitarte y será su cumpleaños durante su visita.

Escribe una carta a tu amigo con esta información:

• ideas sobre qué vais a hacer para celebrar su cumpleaños

• una fiesta que viste en España.

Escribe aproximadamente **150** palabras en **español**. Responde a los dos aspectos de la pregunta.

(32 marks)

How confident do you feel about each of these **skills**? Colour in ⊘ the bars.

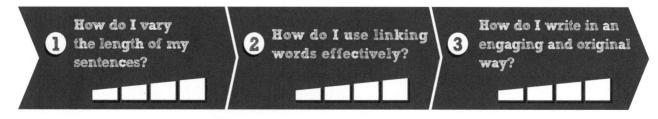

1 How do I vary the length of my sentences?

2 How do I use linking words effectively?

3 How do I write in an engaging and original way?

⑦ Giving and justifying opinions
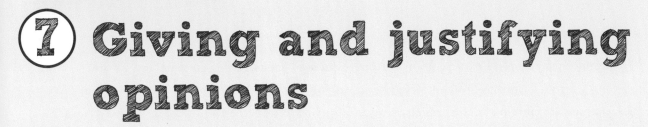

This unit will help you to make the most of opportunities to express opinions and to do so in different ways. You will also practise explaining and giving reasons for your opinions. The skills you will build are to:

- express opinions in a variety of ways
- give reasons for your opinions
- justify your opinions convincingly.

In the exam, you will be asked to tackle writing tasks such as the one below. This unit will prepare you to write your own response to this question.

Exam-style question

Una página web española pide opiniones sobre la educación y decides contribuir tus ideas. Escribe a la página web con esta información:

- las cualidades del / de la profesor(a) ideal
- los cambios que te gustaría ver en tu instituto.

Escribe aproximadamente **150** palabras en **español**. Responde a los dos aspectos de la pregunta.

(32 marks)

The three key questions in the **skills boosts** will help you develop your ability to express your opinions and to justify these opinions.

 1 How do I express my opinions in a variety of ways?

 2 How do I give reasons for my opinions?

 3 How do I justify my opinions convincingly?

Get started

1 Read this student's very positive description of her school and studies.

> Tengo mucha suerte porque asisto a un instituto estupendo donde las instalaciones son de alta calidad y los profesores nos ayudan e incluso nos inspiran. Afortunadamente, el director es una persona estricta, pero justa e insiste en la cortesía y el respeto entre todos. En clase, la mayoría de los estudiantes son atentos y trabajadores y una gran ventaja es la variedad de actividades y clubs divertidos que se ofrecen durante el almuerzo y después de las clases – ¡qué bien! Disfruto del ambiente agradable y estudioso en el instituto y me gusta mucho ser estudiante allí.

It is very clear that this student likes her school, but she doesn't use the verb 'me gusta' until the last line. Always make sure you give and justify your opinions early on.

a Circle Ⓐ all the positive adjectives in the text.

b Underline A verbs that show the student's positive feelings.

c Highlight 🖊 any other expressions that are positive qualities.

Make sure you look up and note down any of the vocabulary you don't know, as you will be able to use these expressions later in the unit.

2 Read this account by another student who tells her story of a school she used to attend. This time, all the opinions are negative. Find the Spanish equivalent of the English words and phrases and draw 🖊 a line to match them. (They are in the order in which they appear in the text.) You will be able to use these later in the unit.

unfortunately	disadvantage
I had a bad time	antiquated
a total lack	I was very worried
unpleasant	badly equipped
chaotic	sadly
I couldn't stand	(they) had little desire (to)
(it) spoiled	I complained
(they) frightened us	horrific

> Por desgracia, asistí al Instituto San Mateo durante dos años antes de dejarlo y lo pasé muy mal allí. Había una falta total de disciplina y un ambiente desagradable y caótico. No podía aguantar ni el ruido, que estropeaba las clases, ni las peleas en el patio, que nos daban miedo. Otra desventaja era que tenía instalaciones anticuadas – me preocupaba mucho que no se podía aprender ciencias en laboratorios tan mal equipados. Tristemente, los profesores tenían pocas ganas de enseñar porque era casi imposible controlar las clases. Al final, me quejé a mis padres, que me permitieron cambiarme de instituto y así se acabó la horrorosa experiencia.

1 How do I express my opinions in a variety of ways?

Opinions can be expressed in many different ways and not just through using *me gusta* and *prefiero*! Here you will develop your ability to use a varied range of expressions.

1 a Read these opinions about school. Underline (A) all the words that indicate the writer's opinion.

> Many of these expressions for opinions are verbs and these are a great way of showcasing your command of language at higher level.

Example La profesora de dibujo es <u>simpática</u> y <u>aprecio</u> su ayuda.

i Las matemáticas son mi peor asignatura y la clase me aburre un montón. ....

ii Me fastidia la profesora de historia porque nos da demasiados deberes. ....

iii La comida en la cafetería es sabrosa y saludable, aunque es demasiado cara. ....

iv Los exámenes me preocupan mucho porque los encuentro muy estresantes. ....

v Me encanta el teatro porque las instalaciones allí son fenomenales. ....

vi Los profesores son comprensivos y amables, en cambio el director es antipático. ....

vii Vale la pena estudiar en la biblioteca porque puedes aprovechar los recursos. ....

viii Valoramos mucho las excursiones y visitas porque son útiles y motivadoras. ....

b Read the sentences again and decide whether the opinions are positive (**P**), negative (**N**) or both positive and negative (**P+N**). Write the relevant letters next to each sentence.

2 It's useful to be able to express opinions using different language and to have a range of synonyms at your fingertips. Find the expressions for opinions that convey the same meaning and draw a line to link them together.

A detesto	a me encanta
B desafortunadamente	b fastidiar
C me gusta mucho	c inconveniente
D divertirse	d odio
E molestar	e por desgracia
F desventaja	f pasarlo bien

3 Now practise writing opinion sentences. Write the opposite opinion each time.

a Mi instituto es viejo y está sucio; los estudiantes son perezosos y maleducados.

....

b Los profesores son simpáticos y nos tratan muy bien.

....

c Afortunadamente, las instalaciones son excelentes y las clases son interesantes.

....

d Me encanta el edificio, que es histórico y muy bonito.

....

e Otra desventaja es el uniforme que es horroroso y muy incómodo.

....

2   How do I give reasons for my opinions?

Other units look at ways of extending your answers and giving detailed responses.
A good way of doing this is by always explaining your opinion with a reason or justification.

① a   Match up ✎ each opinion (**A–F**) with its justification (**a–f**).

A En el futuro quisiera trabajar en turismo porque…	**a** a causa del elevado salario que se puede ganar.
B Me apetece el trabajo de contable…	**b** ofrece oportunidades de viajar al extranjero.
C Un día me gustaría tener mi propia granja, ya que…	**c** debido a mis habilidades matemáticas y mi interés por las finanzas.
D Siempre he querido tener un puesto como intérprete…	**d** como consecuencia de mi amor por los idiomas.
E El trabajo que me interesa más es el de abogado…	**e** me fascina la informática y su uso en las empresas de hoy.
F Tengo intención de trabajar con ordenadores puesto que…	**f** me interesa combinar la vida rural con los negocios.

b   It's useful to have a bank of phrases to introduce justifications. Read the opinions and justifications in **a** and highlight ✎ the connective that introduces each justification. (Be careful – some are in the left-hand column and others are on the right.)

c   Now write ✎ the connectives next to their English meaning.

    i   two phrases for 'since / as' ....

    ii   because ....

    iii   because of ....

    iv   as a result of ....

    v   due to ....

> Note the difference between 'because' and 'because of'. You cannot translate 'because of' literally as the phrase 'porque de' does not exist in Spanish.

② Read this student's thoughts on a future job. Underline Ⓐ the opinions and highlight ✎ the connectives introducing the justification of each opinion.

> A veces creo que me gustaría ser bombero porque es un trabajo gratificante que vale mucho la pena. Detestaría trabajar al aire libre como jardinero o constructor, ya que no aguanto el frío. Tener empleo en un hospital sería horroroso para mí debido al olor a desinfectante.

③ Write ✎ a sentence about each of these jobs, expressing your opinion and giving a justification, linking them with a connective.

    a   profesor/a ....

    b   médico ....

    c   cocinero/a ....

3 How do I justify my opinions convincingly?

Justifying an opinion is straightforward. However, to justify it convincingly you really need to make sure that your writing as a whole is coherent and avoids possible contradictions or ambiguities.

1 In these sentences, highlight 🖊 the connective that introduces the opposing viewpoint and then translate 🖊 the sentences into English.

An effective way of expanding your answer is to show an opposing viewpoint. For example, start with this opinion and justification: *No me gustaría ser cocinero porque tienen que trabajar demasiadas horas.* Then add a positive consideration: *Sin embargo, no hay duda de que es un trabajo muy creativo.*

a Quisiera ser ingeniero porque sería desafiante, aunque no se me dan bien las matemáticas.

b Me gustaría ser joyero, ya que me encanta la idea de diseñar pendientes y collares. Sin embargo, creo que es muy competitivo.

c Mi ambición es ser enfermera porque quiero ayudar y cuidar a la gente. No obstante, el sueldo no es bueno.

d Me encantaría trabajar en una reserva natural. Es mi sueño apoyar la conservación del medio ambiente, pero sé que no es un trabajo bien pagado.

e Quiero trabajar como periodista, ya que siempre me ha gustado escribir. En cambio, la idea de trabajar en una oficina no me apetece.

f Quisiera ser detective porque me encantaría seguir pistas y solucionar crímenes. Por otra parte, dicen que puede ser aburrido a veces.

2 Write 🖊 a suitable quantifier / intensifier in each gap. Use the vocabulary box to help you.

You can also use quantifiers and intensifiers to add variety and strength to your opinions and justifications:
muy + adjective = very
bastante + adjective = quite
bastante (after *gustar / interesar*) = quite
mucho (after *gustar / interesar*) = a lot
demasiado + adjective = too
nada (after negative verb) = at all
-ísimo (on the end of adjectives) = really

Mi sueño es ser actor y me gustaría .... ser estrella de cine. No me interesaría .... tener un papel en una telenovela, ya que debe ser .... monótono hacer lo mismo todos los días. Me imagino que es .... difícil aprender un papel: si eres Hamlet, por ejemplo, habrá que aprender piezas .... largas.

3 How do you feel about the jobs below? On paper, write 🖊 your opinion about each one, showing opposing viewpoints and using intensifiers and quantifiers where appropriate.

a un trabajo en una oficina

b un trabajo en una tienda de ropa

c un trabajo en un banco

Think about an aspect of the job that you would like and why. Then go on to consider an aspect of the work you would not enjoy, also giving a reason. Alternatively, mention the negative viewpoint first followed by the positive.

Sample response

The writing task may not openly ask you to give opinions, but you should do so automatically and then give your justification as explored in this unit. Showing an opposing point of view and using quantifiers and intensifiers will make your work all the more impressive.

Look at this question and the student's answer below.

Exam-style question

Tu amiga española te escribe preguntando sobre tus ideas sobre el trabajo. Escríbele una carta con esta información:

- el trabajo que tienes el fin de semana
- el empleo que te gustaría tener en el futuro.

Escribe aproximadamente **150** palabras en **español**. Responde a los dos aspectos de la pregunta.

(32 marks)

Hola, Elisa.

Los sábados trabajo en un café en el pueblo donde vivo. Sirvo a los clientes y preparo las bebidas. Me gusta mucho porque la jefa es muy simpática y los clientes dan buenas propinas, aunque a veces es difícil sonreír todo el día. El tiempo pasa rápidamente y nunca me aburro, ya que siempre estoy ocupadísima. Lo que no me gusta nada es que huelo bastante mal al final del día: ¡como una hamburguesa!

Sin embargo, no pienso ser camarera para el resto de mi vida. Me apetece la idea de trabajar en una empresa de exportaciones puesto que me encantan los idiomas y quiero la oportunidad de usarlos. Creo que es bastante competitivo, así que espero estudiar empresariales y español en la universidad. Otra posibilidad es dedicarme al periodismo. Me encantaría ser reportera debido a las posibilidades de viajar a otros países. Sería muy emocionante ser la corresponsal en la tele que reporta desde el extranjero.

---

1 **a** Circle Ⓐ all the quantifiers and intensifiers.

  b Underline Ⓐ all the connectives.

  c Highlight 🖉 the different ways that the writer expresses opinions.

2 On paper, answer 🖉 these questions in English:

  a What two justifications does she give for liking her Saturday job?

  b What opposing viewpoint does she express about dealing with customers?

  c What other two positive things does she say about her job?

  d What reason does she give for these positive aspects?

  e What doesn't she like about the job?

  f What justification does she give for wanting to work in an export company?

  g What justification does she give for wanting to work in journalism?

Your turn!

You are now going to plan and write your own response to the exam-style question from page 49.

Exam-style question

Una página web española pide opiniones sobre la educación y decides contribuir tus ideas. Escribe a la página web con esta información:

• las cualidades del / de la profesor(a) ideal

• los cambios que te gustaría ver en tu instituto.

Escribe aproximadamente **150** palabras en **español**.
Responde a los dos aspectos de la pregunta.   **(32 marks)**

This bullet point does not mention opinions explicitly, but it is important to include them anyway. Here you could give an example of a good teacher and justify why you hold that opinion.

Again, there is no specific reference to giving opinions, but you have a good opportunity to express your views on some aspects of your school that need improvement and why you think so.

1 Plan your answer. Think of key ideas and vocabulary and write them in each section, not forgetting verbs, adjectives, adverbs and connectives.

El/la profesor(a) ideal	Cualidades generales	Justificación / razón
Ejemplo de un(a) profesor(a) bueno/a	Sus cualidades	Justificación / razón
Tu instituto	Aspectos que no te gustan	Justificación / razón
Cambios	Los cambios que harías	Justificación / razón

2 Using your plan for **1**, write your answer to the question on paper. Once you have finished, use the checklist to review your response.

Checklist In my answer do I...	✓		✓
answer both parts of the question?		justify / give reasons for the opinions?	
satisfy the word count?		show an opposing viewpoint?	
use a variety of ways to give opinions?		use a range of connectives?	

Review your skills

Check up

Review your response to the exam-style question on page 55. Tick ✓ the column that shows how well you think you have done each of the following.

	Not quite ✓	Nearly there ✓	Got it! ✓
expressed opinions in a variety of ways	☐	☐	☐
gave reasons for opinions	☐	☐	☐
justified opinions convincingly	☐	☐	☐

Need more practice?

On paper, plan and write ✏️ your response to the exam-style question below. Refer to the checklist on page 55 when you review your answer.

Exam-style question

Tu amigo español Emilio te escribe hablando de sus estudios y planes para el futuro.

Escríbele para compartir tus ideas. Menciona:

• cómo van tus estudios por ahora

• las opciones que estás considerando para un futuro empleo.

Escribe aproximadamente **150** palabras en **español**. Responde a los dos aspectos de la pregunta.

(32 marks)

How confident do you feel about each of these **skills**? Colour in ✏️ the bars.

1 How do I express my opinions in a variety of ways?

2 How do I give reasons for my opinions?

3 How do I justify my opinions convincingly?

Get started

(8) Maintaining accuracy in complex language

This unit will alert you to common areas of inaccuracy and give you the opportunity to practise writing correctly and with precision, even when producing complex language. The skills you will build are to:

- maintain correct sentence structure
- use regular verbs accurately
- use adjectives and irregular verbs accurately.

In the exam, you will be asked to tackle writing tasks such as the one below. This unit will prepare you to write your own response to this question.

Exam-style question

El foro de una revista digital española pide información sobre los jóvenes y su participación en obras benéficas.

Escribe al foro con esta información:

- obras benéficas que organizaste con tu instituto
- actividades que haces para beneficiar el medio ambiente.

Escribe aproximadamente **150** palabras en **español**. Responde a los dos aspectos de la pregunta.

(32 marks)

The three key questions in the **skills boosts** will help you produce complex and sophisticated language whilst also maintaining a high level of accuracy.

 How do I maintain correct sentence structure?

 How do I improve the accuracy of my regular verbs?

 How do I improve the accuracy of my adjectives and irregular verbs?

1 In this piece of writing, a student has made a number of mistakes. Read it and annotate the following errors:

a Circle Ⓐ two verbs in the wrong tense.

b Underline Ⓐ two verbs with the wrong ending.

c Highlight ✏ in one colour a verb that has been incorrectly left in the infinitive.

d Double underline Ⓐ one phrase with the wrong word order.

e Highlight ✏ in a different colour two adjectives that don't agree with the noun they describe.

> En mi instituto organizamos muchas actividades para fines benéficos. El mes pasado hacemos un concurso durante el almuerzo y recaudar dinero para el hospital regional. El viernes pasado tenemos un día sin uniforme cuando todos los estudiantes tuvisteis que pagar para poder llevar su propia ropa. El más popular evento fue ayer cuando organizamos un partido de baloncesto entre los estudiantes y los profesores. Fue muy divertida y los estudiantes ganó. ¡Los profesores estaban muy cansado al final!

2 In this piece of writing, the student has written a good answer. Read it and tick ✓ the appropriate columns to show what has been done well in each phrase.

> El medio ambiente es el recurso más precioso que tenemos. Creo que las selvas son uno de los aspectos más importantes del entorno porque crean un hábitat para muchas especies de animales. Además, los árboles son muy importantes para el planeta y ayudan a limpiar el aire. Una cosa que me preocupa mucho es la contaminación de los gases de escape. Estos son muy nocivos y tenemos que pensar en maneras de eliminarlos. El coche de mi tío es eléctrico y no produce tanta contaminación. También en el instituto organizamos un 'día sin coches' en que todos los alumnos tuvieron que ir al instituto a pie o en bicicleta.

Phrase	Correct adjectival agreement	Correct word order	Accurate present tense	Accurate past tense
a El medio ambiente es el recurso más precioso que tenemos.	✓	✓	✓	
b las selvas son uno de los aspectos más importantes				
c crean un hábitat para muchas especies de animales				
d los árboles son muy importantes				
e Una cosa que me preocupa				
f Estos son muy nocivos y tenemos que pensar en maneras de eliminarlos				
g El coche de mi tío es eléctrico				
h organizamos un 'día sin coches' en que todos los alumnos tuvieron que ir al instituto a pie				

How do I maintain correct sentence structure?

In general, Spanish word order is fairly straightforward, but it can be a little tricky when you are using adjectival phrases (*los niños más necesitados*) or expressing belonging or ownership using *de* (*el amigo de mi hermano*). This skills boost will help you understand and practise these structures.

1 Read these sentences and underline (A) the adjectival phrase and the noun that it describes. Be careful, because they are not always together.

a Es una posibilidad, pero no sé si es la más práctica.

b Es la ley más importante para el medio ambiente.

c Estos recursos son los más beneficiosos para el planeta.

d La marihuana es la droga más usada entre los jóvenes.

e El petróleo es el combustible más escaso.

> Note the word order in this sentence.
>
> La ensalada es **la opción más sana** del menú. (The salad is **the healthiest option** on the menu).
>
> Notice how the adjective still agrees in number and gender (*sana*) and the whole adjectival phrase goes after the noun it describes (*opción*).

2 Complete these sentences putting the information in brackets into Spanish.

a El reciclaje es (the most practical solution) ....

b La violencia es (the most serious problem) ....

c El petróleo es (the scarcest resource) ....

d Estos pequeños son (the poorest children) ....

e Aquellos químicos son (the most dangerous products) ....

f La cocina mediterránea ofrece (the healthiest diet) ....

3 Read these phrases and translate them into English.

a el instituto de mi hermana

....

> Apostrophes do not exist in Spanish and possession or ownership is expressed using *de*. For example: the government's actions = las acciones del gobierno (= the actions of the government), the city lights = las luces de la ciudad (= the lights of the city).

b un dolor de cabeza ....

c el humo de los cigarrillos ....

d el coche de mi padre ....

4 Complete these sentences using the correct word order.

a El medio ambiente sufre como consecuencia de (the town's development).

....

b No veo las noticias; es deprimente enterarse de (the world's problems).

....

c Voy a la reunión porque quiero oír (the government's ideas).

....

d Estamos muy preocupados por los efectos de (the factory's waste).

....

2 **How do I improve the accuracy of my regular verbs?**

It is very important to check your written work after you have completed it. One of the things on your checklist should be verbs and their endings.

① In these sentences, identify the subject of the underlined verb and highlight 🖊 it.

Example Es esencial eliminar los gases de escape que <u>contaminan</u> el aire de la ciudad.

ⓐ El sobrepeso puede ser peligroso porque <u>hace</u> daño al corazón.

ⓑ El cambio climático es un problema grave y <u>afecta</u> a todo el planeta.

ⓒ Los ancianos escucharon el concierto y <u>apreciaron</u> mucho la visita.

ⓓ María, cuando trabajas en la tienda solidaria, ¿qué tareas <u>haces</u>?

ⓔ Mis amigos y yo participamos en un concurso y, para nuestra sorpresa, lo <u>ganamos</u>.

ⓕ Carlos, ¿qué haces con el vidrio cuando lo <u>reciclas</u>?

② In each of these sentences, one of the verbs has an incorrect ending. Underline Ⓐ it and write 🖊 the correct verb. (Take care as there are various tenses used.)

ⓐ Los voluntarios llegaron al río y, durante la tarde, limpió toda la basura. ....

ⓑ La drogadicción es un problema grave y puedo afectar a toda la familia.

....

ⓒ Los nuevos planes son muy respetuosos con el medio ambiente y beneficiaremos al pueblo.

....

ⓓ Mi familia y yo siempre separamos la basura y recicla todo lo posible. ....

ⓔ Los granjeros en países pobres cortan los árboles y destrozamos la selva.

....

ⓕ La marea negra llegó a la costa y afectaron a muchos pájaros. ....

③ Underline Ⓐ the noun that is the subject of the verb in brackets. Then, complete 🖊 the sentences in Spanish with the information provided, using the appropriate person and tense of the verb.

ⓐ El huracán que pasó por la zona (caused a lot of damage) ....

ⓑ La gente come pizzas y hamburguesas y luego (throw the paper) .... al suelo.

> Don't forget that *gente* is a singular noun, unlike 'people' in English. Therefore, *gente* takes the third person singular of the verb, the same as 'he/she/it'.

ⓒ Hay seis o siete gamberros en el barrio que

(break the windows) ....

ⓓ Hemos recaudado mucho dinero para los niños necesitados, que (will receive presents)

.... esta Navidad.

ⓔ La gente está muy orgullosa del pueblo y (look after the environment) ....
con entusiasmo.

ⓕ Ya se acabó la sequía que (affected the south) .... durante
meses.

3 How do I improve the accuracy of my adjectives and irregular verbs?

On this page you will learn to check adjectival agreement and practise some common irregular verbs.

1 Sometimes adjectives can be a long way from the nouns they describe, but they must still agree. In these sentences, highlight 🖊 the noun that the underlined adjective describes and then correct 🖊 the relevant adjective.

Example La contaminación producida por los gases de escape es verdaderamente ~~nocivo~~. *(nociva)*

a Los efectos de fumar pueden ser muy <u>serio</u> para los pulmones y el corazón.

b En algunos países, las leyes medioambientales no son suficientemente <u>estricto</u>.

c Mi abuelo vive en una residencia, pero todavía es una persona muy <u>activo</u>.

d Creo que las multas no bastan; deberían ser más <u>severo</u>.

e Los problemas causados por la drogadicción pueden ser muy <u>grave</u>.

2 Circle (A) the correct future tense verb in each sentence.

a Creo que poderemos / podríamos / podremos controlar el tiempo en el futuro.

b Los niños harán / haremos / hacerán una excursión al campo.

c La campaña tendré / tendrá / tendría el apoyo de muchos voluntarios.

d En el futuro habrán / hay / habrá inundaciones más a menudo.

e No es un incendio grande, los bomberos podrán / podréis / pueden apagarlo rápidamente.

> The future tense always uses the same endings (-é, -ás, -á, -emos, -éis, -án), but some verbs have an irregular stem like *poder* (*podr-*), *hacer* (*har-*) and *tener* (*tendr-*). Also, remember that 'there will be' is *habrá*.

3 The preterite irregular verbs you are more likely to use are *ir*, *hacer*, *dar* and *tener*. Complete 🖊 this passage with the correct form of these four verbs in the preterite.

Hoy en el instituto vendemos pasteles para recaudar dinero para una asociación benéfica, así que ayer yo **a** .... un pastel para contribuir. También **b** .... que hacer unas galletas y mi madre me **c** .... un poco de ayuda porque no soy buen cocinero. Esta mañana me desperté tarde y no **d** .... tiempo para desayunar. Cuando **e** .... al instituto, me **f** .... cuenta de que tenía muchísima hambre – ¡y me comí todas las galletas! **g** .... que confesar mi crimen a la profesora. ¡Qué vergüenza!

4 The imperfect tense has only three irregular verbs: *ser*, *ir* and *ver*. Complete 🖊 these sentences with the correct form of the verb.

a Cuando yo .... (ser) pequeño, ... (ir) a la piscina dos veces a la semana.

b Mi familia y yo no .... (ver) la tele mucho cuando mi hermano y yo .... (ser) jóvenes.

c Las campañas .... (ser) muy efectivas porque muchas personas .... (ver) los pósteres cuando .... (ir) en el autobús.

Sample response

Checking your work through is an important skill and one way of doing this is to create and use a checklist that is personal to you. On it, list the aspects of the language that you have made mistakes with in the past, such as adjectival agreement, word order and irregular preterites.

Read this exam-style question and the student's response below.

Exam-style question

Tu amigo mexicano te escribe comentando sobre la contaminación en su ciudad.

Escríbele una carta con esta información:

- lo que tú y tu familia hacéis para ayudar al medio ambiente
- una actividad ecológica que hiciste recientemente en el instituto.

Escribe aproximadamente **150** palabras en **español**. Responde a los dos aspectos de la pregunta.

(32 marks)

Intentamos hacer lo que podemos para proteger el medio ambiente y algo que hacemos todos los días es separar la basura. Tenemos contenedores diferentes en la cocina para el vidrio y las latas, el papel y el cartón y para los desechos orgánicos. Cuando vamos al pueblo o a una tienda cercana, siempre vamos a pie y no usamos el coche si no es necesario. También, en el jardín, escogemos plantas que son populares con los pájaros y los insectos.

En el instituto, los estudiantes formaron un grupo ecológico y cada semana organizamos una actividad distinta. Uno de los problemas más graves que tenemos en el pueblo es la basura en el río y el sábado pasado todos fuimos al río para limpiarlo. Quitamos todas las botellas de plástico que son tan peligrosas para los peces. Ayer un centro de jardinería nos dio unas doscientas flores para plantar a lo largo de la carretera. Será muy hermoso en la primavera y me gusta mucho participar en estas actividades porque sé que valen la pena.

---

(1) This is the student's own checklist. Complete ✐ the second column with examples of correct usage.

a	Adjectival agreement	(5 examples) *diferentes*
b	Word order of adjectival phrases	(1 example)
c	Present tense	(5 examples)
d	Preterite tense (regular)	(3 examples)
e	Preterite tense (irregular)	(2 examples)
f	Future tense	(1 example)

Your turn!

You are now going to plan and write your own response to the exam-style question from page 57.

Exam-style question

El foro de una revista digital española pide información sobre los jóvenes y su participación en la comunidad.

Escribe al foro con esta información:

- obras benéficas que organizaste con tu instituto
- actividades que haces para beneficiar el medio ambiente.

Escribe aproximadamente **150** palabras en **español**.
Responde a los dos aspectos de la pregunta.   **(32 marks)**

> This requires a response in the past tense, so be careful to get your preterite tense verbs correct.

> This is in the present tense, but you could also refer to events you are planning for the future.

With the topics of charity and environmental events, it may not be as easy to think of activities to talk about. Here are some ideas you could use.

Obras benéficas	
una venta de libros	un concurso para los padres
un concurso de bandas musicales	un concurso de talento
un día en uniforme para los profes	un día de instituto sin uniforme
una venta de pasteles	una caza de tesoro
disfrazarse como un personaje histórico	lavar los coches de los profesores

Obras medioambientales	
crear un jardín en el instituto para cultivar legumbres y verduras	crear un jardín con flores que les gustan a los insectos
organizar contenedores para latas, botellas y pilas	plantar árboles en los entornos del instituto
vender bolsas de tela a la entrada del supermercado	crear una zona para los pájaros con agua y comida
escoger un representante en cada clase para apagar luces, ordenadores, proyectores al final del día	

(1) Highlight (✏) any of the ideas that you plan to use and add your own ideas below.

....

....

....

....

(2) Now put your ideas together and, on paper, write (✏) a 150–word answer. Once you have finished, use the checklist to review your response. (✓)

Checklist In my answer do I...	⊘
answer both parts of the question?	
satisfy the word count?	
ensure all adjectives agree?	
ensure that verbs have the correct ending?	
deal with irregular verbs correctly?	
use correct Spanish word order?	

Review your skills

Check up

Review your response to the exam-style question on page 63. Tick ✓ the column that shows how well you think you have done each of the following.

	Not quite ✓	Nearly there ✓	Got it! ✓
maintained correct sentence structure	☐	☐	☐
used regular verbs accurately	☐	☐	☐
used adjectives and irregular verbs accurately	☐	☐	☐

Need more practice?

On paper, plan and write ✎ your response to the exam-style question below. Refer to the checklist on page 63 when you review your answer.

Exam-style question

Tu amiga española Verónica te escribe hablando de los problemas que ha visto en su ciudad. Escríbele para compartir tus experiencias.

Menciona:

• algunos problemas sociales que hay en tu región

• tus planes para ayudar con estos problemas.

Escribe aproximadamente **150** palabras en **español**. Responde a los dos aspectos de la pregunta.

(32 marks)

How confident do you feel about each of these **skills**? Colour in ✎ the bars.

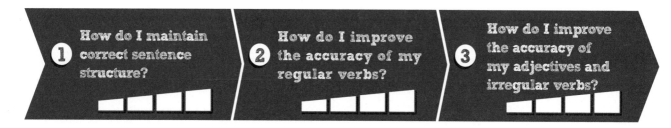

1 How do I maintain correct sentence structure?

2 How do I improve the accuracy of my regular verbs?

3 How do I improve the accuracy of my adjectives and irregular verbs?

⑨ Translating successfully into Spanish

This unit will help you develop your ability to translate accurately into Spanish and alert you to common mistakes that you can learn to avoid. The skills you will build are to:

- ensure you include all key information
- avoid making careless errors
- produce natural-sounding Spanish.

In the exam, you will be asked to tackle writing tasks such as the one below. This unit will prepare you to write your own response to this question.

Exam-style question

Translate the following passage into **Spanish**.

> In my free time I like listening to music and going out with my friends. Last Saturday we went to a concert. It was great. This weekend I am going to visit my grandparents who live on the coast. It is going to be fun but the journey will be boring.

(12 marks)

The three key questions in the **skills boosts** will help you produce accurate and natural-sounding Spanish and check that you have included everything that you should have.

 1 How do I ensure that I include all key information?

 2 How do I avoid making careless errors?

 3 How do I produce natural-sounding Spanish?

Look at the passage below and read the student's somewhat disastrous translation, which has been marked by his teacher.

Exam-style question

Translate the following passage into **Spanish**.

> On Sunday it is my sister's birthday and she will be twenty. We are going to have a party in the house for the family and my mother will prepare a special meal. I went shopping yesterday and bought a present. Now I have to make a cake. It will not be easy.

(12 marks)

> <u>En</u> Domingo, es <u>mi hermana's cumpleaños</u> y <u>será</u> <u>viente</u>. <u>Vamos</u> tener <u>un</u> fiesta en la casa <u>por</u> la familia y mi madre <u>prepara</u> una <u>especial cena</u>. <u>Ir de compras</u> ^ y <u>compro</u> un <u>reggalo</u>. <u>Hoy</u> <u>tengo hacer</u> un pastel. <u>Será no facil.</u>

(1) All the errors in the student's translation are in the table on the left. Select the letter of the explanation of the error from the table on the right and add 🖉 the relevant letter.

Errors	
En	K
Domingo	
mi hermana's cumpleaños	
será	
viente	
Vamos tener	
un fiesta	
por	
prepara	
especial cena	
Ir de compras	
^	
compro	
reggalo	
hoy	
tengo hacer	
Será no	
facil	

Explanation of the errors	
A	article (*el, la, un,* etc.) in wrong gender
B	negative '*no*' goes before the verb
C	*tener … años* used to express age
D	wrong tense
E	accent missing
F	conjugated verb needed
G	spelling mistake
H	something missing
I	in order to / for = *para*
J	no capital letter required
K	use *el / los* with days of the week for 'on'
L	wrong word
M	verbal structure: *tener* **que** + infinitive
N	Near future: *ir* **a** + infinitive
O	word order

(2) The student has another go at the translation and hands in this version. This time, there are only three mistakes – different ones! Highlight 🖉 them in the text and write 🖉 the corrections below.

> El domingo, es el cumpleaños de mi hermana y tendrá veinte. Vamos a tener una fiesta en la casa para la familia y mi madre preparar una cena special. Fui de compras ayer y compré un regalo. Ahora tengo que hacer un pastel. No será fácil.

....

Skills boost

1 **How do I ensure that I include all key information?**

Omissions are a common error in translation, whether it is odd words or even whole lines. Half the marks for the translation are awarded for correctly conveying the key information, so it is very important that nothing gets left out.

① Look at the following sentences and the Spanish translation. Highlight ✎ the English word that is missing and write ✎ an omission mark (^) where it should go in the Spanish version.

a I wanted to buy a shirt, but it was too expensive.

Quería comprar una camisa, pero era cara.

b I like the cinema, but it's much more exciting going to the theatre.

Me gusta el cine, pero es más emocionante ir al teatro.

> When translating a passage, you could put a ruler on the line that you are translating to ensure you don't skip a line by mistake. When you proofread the translation, you could tick each English word as you check you have translated it.

c I used to play the piano a lot when I was young, but I don't have the time any more.

Tocaba el piano mucho cuando era joven, pero no tengo tiempo.

d We organised a quiz and raised nearly two hundred pounds.

Organizamos un concurso y recaudamos doscientas libras.

e My father was born in the village and my grandparents still live there.

Mi padre nació en el pueblo y mis abuelos viven allí.

② Look at the following sentences and the Spanish translation. Highlight ✎ the English word that is missing and put an omission mark (^) where it should go in the Spanish version. Then write ✎ in the Spanish word next to the translation.

a On Christmas Eve, we put all the presents under the tree.

En Nochebuena, ponemos los regalos bajo el árbol de Navidad. ....

b One of the biggest problems in the country is drought.

Uno de los problemas grandes del país es la sequía. ....

c My brother bought me a mobile, but I already have the latest smart phone.

Mi hermano me compró un móvil, pero tengo el último teléfono inteligente. ....

d I went out at about half past seven.

Salí a las siete y media. ....

e The town is very popular with tourists and we receive many visitors here.

El pueblo es muy popular entre los turistas y recibimos a muchos visitantes. ....

③ Translate ✎ these sentences on paper.

Example He is going to fetch the keys.

Va a buscar las llaves.

a She is learning to drive.

b We have to do a lot of homework.

c My father stopped smoking last year.

d It is starting to rain.

e They help to remove the litter.

> Prepositions are a key part of any translation and can be easily missed. With some verbal structures you simply have to learn the linking preposition that they use because there is no hint in English. For example, 'to be going to + verb' is *ir a* + infinitive.
>
> *tener **que** + infin = to have to*
> *aprender **a** + infin = to learn to*
> *empezar **a** + infin = to start to*
> *dejar **de** + infin = to stop/quit ...ing*
> *ayudar **a** + infin = to help to*

2 How do I avoid making careless errors?

Spanish spelling is actually much more straightforward than English and most of the time if you can say a word to yourself, then you can spell it. This page will flag up a few important words and rules to remember.

Study these **mnemonics** and then complete the exercise.

A **mnemonic** is a phrase or rhyme that you learn to help you remember something. It is often very silly but if it works, it's worth it!

CAROLINA – the only double consonants in Spanish

cuatro vs cuarto

cuarto = room and ends in rto (room to let)

The sound 'kw'

'I can C there is no Q'

words like cuando, cuero, etc.

cuidado vs ciudad

I don't **care** if I ever **C U** again!

Si hay diez personas en la fiesta, hacemos de veintiséis a treinta bocadillos.

necesitar = Never Eat Chips Eat Salad, It Tastes All Right

1 Circle Ⓐ the correct spelling of the word in each sentence.

a Cuando hablas por internet hay que tener mucho *cuidado / ciudado*.

b Vamos a ese restaurante con *frequencia / frecuencia* porque la comida es excelente.

c Mi hermano tiene *viente / veinte* años y estudia en la universidad.

d Es muy fácil reciclar; solamente *necisitamos / necesitamos* recordar dónde va cada tipo de basura.

e Como *consequencia / consecuencia* de las lluvias intensas, hay inundaciones en el pueblo.

2 In these sentences, cross out ~~cat~~ the misspelled word and write ✏ the correct version.

a Creo que la señora Avilés es la mejor proffesora del instituto. ....

b Cuando estoy de vacaciones, me encanta probar los deportes aquáticos. ....

c El pueblo donde vivo no está lejos de la cuidad y hay muchos autobuses. ....

d Mi cumpleaños es el sies de enero, en medio del invierno. ....

e Las classes de historia son realmente interesantes este trimestre. ....

It is also important to get accents right because an accent can change the entire meaning of a word:

compró = he/she bought, *compro* = I buy. *sé* = I know, *se* = himself/herself/themselves; *si* = if, *sí* = yes

3 Circle Ⓐ the correct word for the context in these sentences.

a No sabemos *si / sí* podemos ir a la fiesta este sábado.

b Empiezo a las nueve y *trabajó / trabajo* hasta las cinco y media.

c Esto es un problema *que / qué* tenemos que resolver rápidamente.

d Para *mi / mí* la ciencia es muy difícil, pero a *mi / mí* hermano le encanta.

e Me gustaría ver la exposición en *el / él* museo, pero no quiero ir con *el / él*.

How do I produce natural-sounding Spanish?

The key to good translation is to stay as close as possible to the original meaning but to produce natural-sounding language that obeys the rules of the target language. This often means that you cannot translate word for word. For example, 'I really look up to him' cannot be translated literally, but you must paraphrase it by saying something like *Le respeto mucho* ('I really respect him').

1 In each of these sentences there is a literally translated word or phrase that does not work in Spanish. Circle (A) it and, write (✐) the letter of the phrase/word that should have been used.

a Cuando fui a España tuve un tiempo bueno. ....

b Jugar a los videojuegos es divertido, pero en la otra mano no es útil. ....

c Mi madre y yo somos similares; miro como ella. ....

d Normalmente tenemos el desayuno a las siete. ....

e Vamos en vacaciones al extranjero. ....

f He perdido mis llaves; voy a mirar para ellas. ....

g En la mañana, me levanto a las siete. ....

A	buscarlas
B	de
C	lo pasé bien
D	me parezco a
E	por
F	por otra parte
G	tomamos

2 Translate (✐) these sentences into Spanish. Use the verbs in the box to help you.

perderse	casarse	emborracharse
vestirse	aburrirse	

We use the word 'to get' a lot in English and it can cause problems when translating. In Spanish, it is often rendered by using a verb in the reflexive. So, 'to tire oneself' is *cansarse*, and 'I'm going to get tired' is *Voy a cansarme*.

a I'm going to get dressed now. ....

b I don't want to get bored. ....

c I'm never going to get drunk. ....

d I hope to get married one day. ....

e I'm going to get lost in the city. ....

3 Don't forget that the usage of the article in Spanish is different from English. Read the text and write (✐) the article in the space if needed, but leave it blank if not.

Me levanto a **a** .... siete durante **b** ....
semana, pero más tarde **c** .... sábados. Cada
d .... domingo voy a **e** .... iglesia con
mi familia y, después, volvemos a **f** .... casa para
comer. Mi madre prepara una comida tradicional; me gusta mucho
g .... pollo asado que vamos a tomar mañana.
h .... domingo por **i** .... tarde mi
hermano vuelve a **j** .... universidad para continuar su
curso y yo hago mis deberes para **k** .... instituto.

Use articles:

when generalising: *La geografía es muy interesante.*

for 'on' with days of the week: *el domingo, los sábados*

with time: *son las ocho, a la una*

with nouns after verbs of opinion: *Me gusta el pescado, pero no me apetece el marisco.*

with certain nouns: *va a la universidad, voy al instituto, vamos a la iglesia, para el trabajo*

Sample response

Now you have looked at a range of common mistakes in Spanish translation, you will be very aware of the importance of proofreading your work. It's a good idea to make your own checklist. You can use the typical mistakes that your teacher points out to you in your work as the basis for that list.

1 Read this passage and the translation below (divided into phrases). Only two of the phrases are free of mistakes. Put a ✓ beside them.

Exam-style question

We often go on holiday to Spain and I love to try the regional dishes. Usually we stay in a hotel, but last year we rented an apartment. I liked it because there was more space and we had more freedom. It was very hot and we had a very good time.

	✓	correction number
A menudo vamos en vacaciones a España		
y me encanta los platos regionales.		
Normalmente nos alojamos en un hotel		
pero el año pasado alquilimos un appartamento		
Me gusta porque		
había más espacio		
y tuvieron más libertad.		
Fue mucho calor		
y tuvimos un muy buen tiempo.		

2 a This is a list of what needs to be done to correct the mistakes, but it's not in the right order. Decide which solution matches each phrase in the table in **1** and write ✎ the correction number.

    1 change 'they' ending to 'we' ending

    2 word missing – *probar* needed

    3 –*ar* verb ending needed; remove the double consonant from the noun

    4 wrong preposition used: *de* needed

    5 wrong verb used for this expression – *hacer* needed in preterite

    6 literal translation doesn't work – *pasarlo muy bien* needed in preterite

    7 wrong tense used – preterite required

  b Now write ✎ the correct version of the translation below.

....

....

....

....

....

....

....

Your turn!

You are now going to plan and write your own response to the exam-style question from page 65.

Exam-style question

Translate the following passage into **Spanish**.

> In my free time I like listening to music and going out with my friends. Last Saturday we went to a concert. It was great. This weekend I am going to visit my grandparents who live on the coast. It is going to be fun but the journey will be boring.

(12 marks)

This table will help you think about the challenges within the translation and help you arrive at the correct decisions.

In my free time	*mí or mi?*
I like listening to music	what part of the verb is used after *gustar*?
	do you need a preposition? (what does *escuchar* mean?)
and going out with my friends.	'going out' is the second of the two verbs that go with *gustar*
Last Saturday	word order? accent? capital letter?
we went to a concert.	tense? verb ending?
It was great.	tense? verb ending?
This weekend I am going to visit	tense? preposition?
my grandparents who live on the coast.	remember the personal 'a'
	'mi / mis' agrees with following word
	'who' is the same as 'that' or 'which'
	who is the subject of 'live'?
It is going to be fun	tense?
but the journey will be boring.	tense?
	spelling of 'boring' in Spanish?
	agreement between noun and verb

1. Write your translation here. Once you have finished, use the checklist to review your response.

Checklist In my answer do I...	✓
include all key information?	
use the correct tenses?	
make adjectives agree?	
use Spanish word order?	
bear in mind Spanish spelling rules?	
produce natural-sounding Spanish?	

Review your skills

Check up

Review your response to the exam-style question on page 71. Tick ✓ the column to show how well you think you have done each of the following.

	Not quite ✓	Nearly there ✓	Got it! ✓
ensured I included all key information	☐	☐	☐
avoided making careless errors	☐	☐	☐
produced natural-sounding Spanish	☐	☐	☐

Need more practice?

On paper, plan and write 🖉 your response to the exam-style question below. Refer to the checklist on page 71 when you review your answer.

Exam-style question

Translate the following passage into **Spanish**.

> At school, my studies are going well. I normally get good marks but last Monday I failed a biology exam. I have to repeat it next week and I am going to revise all weekend. There is a website with useful information on science and so I shall use the computer to help.

(12 marks)

How confident do you feel about each of these **skills**? Colour in 🖉 the bars.

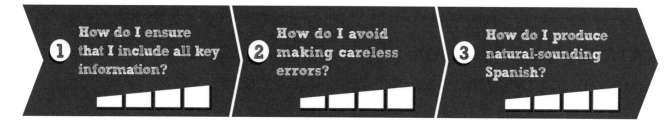

1 How do I ensure that I include all key information?

2 How do I avoid making careless errors?

3 How do I produce natural-sounding Spanish?

Answers

Unit 1

Page 2

① ⓐ B ⓑ B ⓒ C ⓓ A ⓔ C

② ⓑ región ⓒ viene ⓓ sitios de interés ⓔ feminine

Page 3

① ⓐ A wrong tense, B Doesn't answer the question, C ✓

ⓑ A ✓, B Doesn't answer the question, C wrong tense

ⓒ A wrong tense, B Doesn't answer the question, C ✓

Page 4

① ⓐ (gustan), las playas

ⓑ (encanta), alojarme

ⓒ (gustan), los deportes acuáticos

ⓓ (encantan), los platos regionales, los productos típicos

② ⓐ les ⓑ Nos ⓒ Te ⓓ Le

③ ⓐ prefiere ⓒ preferimos

ⓑ detesta / odia ⓓ Detesto / Odio

④ Sample answers:

ⓐ No me gusta nada hacer camping porque no es muy cómodo.

ⓑ Me gusta bastante ir de vacaciones con mi familia, pero prefiero ir con mis amigos porque es súper divertido.

ⓒ Me gusta alguna comida extranjera como los espaguetis, por ejemplo, pero detesto los calamares.

ⓓ No me gusta mucho. Para mí, es bastante aburrido.

ⓔ No me gusta mucho la idea de un crucero porque suele ser para la gente mayor.

Page 5

② ⓐ i B ii A iii B iv B v A

ⓑ i We're struggling to decide where to go on holiday. = It's very difficult to decide where to go on holiday.

Es muy difícil decidir adónde ir de vacaciones.

ii I don't like the idea of sailing. = I don't like the idea of going by boat.

No me gusta la idea de ir en barco.

iii On planes, I flick through the magazines. = On the plane, I look at the magazines.

En el avión, miro las revistas.

iv We spent the week in a pretty little cottage. = We spent the week in a pretty little house.

Pasamos la semana en una pequeña casa muy bonita / … una casita bonita.

Page 6

①

Which answer...	A ✓	B ✓	How is this done? (note the Spanish words used)
responds using the right tense? Answer B is all in the present whereas the question is in the preterite	✓		alquilamos / pasamos / hicimos
answers the question? Answer B talks about holidays in general not last year's holiday and doesn't actually say what s/he did	✓		alquilamos un apartamento / pasamos varios días en la playa / hicimos varias excursiones
uses gustar / encantar correctly? Answer B uses me gusta followed by a plural noun; it should be me gustan	✓		me encantan las vacaciones al sol
uses other opinion verbs accurately? Answer B uses indirect object pronoun with prefiero	✓		prefiero ver los sitios de interés
guesses at vocabulary instead of using a safe paraphrase? Answer B wrongly uses moverme (the correct verb is mudarme). A safe and correct paraphrase would have been 'Un día quiero vivir en América'.		✓	uses moverme which is the wrong verb

② Sample answer: El año pasado, en febrero, fui con mi familia a Austria. Nos alojamos en un hotel muy cómodo y elegante en las montañas. Esquiamos todos los días y los monitores nos ayudaron mucho. Me encantan los deportes de nieve porque son muy emocionantes. ¡Creo que mejoré mucho durante esa semana!

Page 7

① Student's own answers

② Sample answer: Mi región es bastante industrial con mucha contaminación de las minas y fábricas. Está un poco sucio por el humo de las chimeneas.

Sin embargo, las ciudades de alrededor y el campo son interesantes. Podremos ir de compras a las distintas tiendas en los centros comerciales, coger el tren al campo o hacer una excursión en barco.

El viernes será el aniversario de mis padres. Es una ocasión especial con muchos invitados y han reservado una mesa en un restaurante italiano.

El año pasado hice camping al lado de un río en Francia con mi familia. Fue muy divertido y me gustó nadar y pescar en el río. Hicimos una excursión en barco muy entretenida.

Page 8

Sample answer: Cuando era un niño pasaba mis vacaciones favoritas en una casa en la costa de Gales con mis padres, mis tíos y mis primos. Lo pasamos fenomenal jugando en la playa.

Este año hay un desacuerdo porque mi padre quiere ir a Escocia pero mi madre prefiere ir a un país más cálido como España.

A mí me gusta más alojarme en un apartamento porque hay más espacio. También hay más libertad porque puedes comer cuando y donde quieres.

Unit 2

Page 10

1 (ticked) statements need linking to question, too short, needs opinions, needs more detail, needs greater range of vocabulary, does not showcase what you are capable of

2 **a** – **c**

(Un aspecto bueno de mi instituto es) el uniforme que es bastante elegante con una chaqueta roja oscura y una corbata de rayas.

Ayer tuve una clase de historia muy interesante y vimos un vídeo de unas ruinas romanas. Fue fascinante ver la reconstrucción de la casa.

Dentro de unos meses tenemos exámenes importantes y me siento un poco estresado porque no sé qué debo repasar.

(Cuando sea mayor quisiera trabajar en un museo) organizando y diseñando las exposiciones. Me gustaría estudiar la historia en la universidad.

d The student is stressed because he has important exams in a few months and he doesn't know what to revise.

Page 11

1 **a** 3, **b** 1, **c** 4, **d** 2, **e** 1, **f** 4, **g** 2, **h** 3

2 **a** a, b, c, d, e, f, g, h – all the phrases could go on to introduce an example

b b, e

c d, f, g, h

3 **a** Lo mejor del horario…

b Lo más impresionante del edificio…

c Lo malo de los laboratorios…

d Lo peor del instituto…

e Lo más difícil de los exámenes…

Page 12

1 **a** Normalmente

b exactamente

c constantemente

d perfectamente

e Probablemente

2 **a** con frecuencia

b con cortesía

c con paciencia

d con cuidado

e con entusiasmo

3 **a** a menudo / muchas veces / siempre / a veces

b en seguida / inmediatamente / rápidamente

c por fin / finalmente

d Por lo general / Generalmente / Casi siempre

e de vez en cuando / a veces

f de nuevo / otra vez

Page 13

1 3 tres horas cada noche; 1 los laboratorios modernos; 4 la carrera de derecho; 2 la guerra civil; 3 no tengo tiempo para nada más; 1 biblioteca enorme; 2 debate muy interesante; 4 tomar un año libre; 1 un polideportivo bien equipado; 2 hechos memorables; 4 un curso de cuatro años; 3 es imposible relajarse

2 Student's own answers

3 **a** porque / ya que

b por ejemplo

c como

d porque / ya que

4 Student's own answer

Page 14

1 Sample answers:

a Tengo un recuerdo muy vivo de mi primer día de colegio.

b Casi todas las asignaturas van bastante bien de momento.

c Hay un problema con el instituto que es importante cambiar.

d No sé exactamente qué estudiar en el futuro.

2 Sample answers:

a Me sentía muy pequeño y los otros alumnos me parecían mucho más grandes y maduros.

b Por ejemplo, se me da muy bien la educación física y saco buenas notas en dibujo.

c Queremos ofrecer clases de bádminton y organizar un club de teatro.

d Pienso continuar con la educación física y quizás empezar una asignatura nueva como psicología.

Page 15

1 **a** Student's own answers

b Student's own answers

(2) Sample answer: Lo mejor del instituto es que los profesores nos ayudan mucho y explican todo con paciencia. La semana pasada tuvimos una clase de química muy divertida e hicimos un experimento impresionante con resultados espectaculares. Ahora me preocupa mucho mi falta de progreso en matemáticas porque a menudo me resulta muy difícil entenderlas y es una asignatura muy importante. No sé precisamente qué quiero hacer en el futuro, pero tendrá que ser algo práctico y activo, por ejemplo, un trabajo al aire libre o ayudando a otras personas.

Page 16

Sample answer: Querido Mateo: Creo que mi instituto tiene un horario bastante típico. Empezamos a las ocho y media, tenemos un recreo de veinte minutos, la hora de comer dura cincuenta minutos y terminamos a las tres y media. El mes pasado, visité una fábrica de automóviles con mi clase de empresariales. Fue fascinante ver cómo se construyen los coches. En cuanto a los deberes, tenemos que hacer unas dos horas cada noche y dos más cada fin de semana. Es un lío, pero sé que es importante. Al final del trimestre vamos de excursión a un parque temático, ¡qué bien! Será muy divertido y lo pasaremos muy bien.

Unit 3

Page 18

(1) ~~grande~~ (numerosa); ~~Hay~~ (Somos); ~~son~~ (suelen ser); ~~voy con~~ (acompaño a); ~~cocino con~~ (ayudo a); ~~tenemos disputas~~ (nos peleamos).

(2) Mi familia no es numerosa. Somos cuatro personas: mi madre, mi padre, mi hermana y yo. Mis padres suelen ser amables y generosos [d]. Los sábados acompaño a mi padre al fútbol [a]. Los domingos, ayudo a mi madre en la cocina [c]. Mi hermana es muy difícil y nos peleamos todo el rato [b].

(3) (ticked)

variety of nouns and adjectives used

points explained/justified

sentences of varied length

repetition successfully avoided

good range of verbs used

Page 19

(1) **tener:** disponer de **hacer:** participar en, preparar **ir:** visitar, asistir a, venir, salir **querer:** desear, tener ganas de, apetecer

(2)
- (a) visité
- (b) dispone de
- (c) tengo ganas de
- (d) preparar
- (e) salimos
- (f) asiste a
- (g) viene
- (h) Te apetece
- (i) participé en

(3) I had my 16th birthday = <u>Cumplí dieciséis años</u>

I didn't feel like having = <u>no me apetecía hacer</u>

we have a great time = <u>lo pasamos fenomenal</u>

we get on very well = <u>nos llevamos muy bien</u>

they took charge of organising = <u>se ocuparon de organizar</u>

followed by = <u>seguida de</u>

(4)
- (a) me llevo muy bien
- (b) se ocuparon de preparar
- (c) no me apetecía ir
- (d) una película seguida de una cena
- (e) lo pasamos bastante bien

Page 20

(1) **Positive:** activo, afable, alegre, amable, cariñoso, comprensivo, cortés, deportista, formal, fuerte, gracioso, guapo, honrado, maduro, simpático, valiente

Negative: antipático, avaro, celoso, cobarde, glotón, maleducado, molesto, perezoso, torpe, travieso, vago

(2) (a) implies fitness; (b), (d), (e) and (g) require negative adjectives; (c), (f) and (h) require positive characteristics.

Sample answers:
- (a) activo y deportista
- (b) molesto y maleducado
- (c) formal y maduro
- (d) avaro y vago
- (e) celoso y cobarde
- (f) honrada y fuerte
- (g) antipáticos y traviesos
- (h) afable y gracioso

(3) Sample answer: Admiro a mi hermano porque es deportista y siempre está activo. Mi padre es un hombre honrado y simpático, siempre muy cariñoso con su familia. Mi madre es una persona alegre y amable; además, es muy comprensiva con mi hermano y conmigo.

Page 21

(1) *a fin de cuentas* – at the end of the day, *a lo mejor* – probably, *de nada* – don't mention it, *me da lo mismo* – I don't mind, *no tengo ni idea* – I haven't got a clue, *pasarlo bien* – to have a good time, *por todas partes* – everywhere, *se trata de* – it's about / it's a question of

(2)
- (a) me saca de quicio
- (b) siempre me toma el pelo
- (c) para colmo de males
- (d) fueron de mal en peor
- (e) de buena gana

(3)
- (a) de mal en peor
- (b) para colmo de males
- (c) por todas partes
- (d) No tengo ni idea
- (e) A lo mejor
- (f) pasarlo bien

Page 22

1 verbs   adjectives   idioms

Mi amiga, Gabriela, puede ser tonta a veces pero cuando se trata de las matemáticas, es muy lista. El año pasado, yo tenía grandes problemas en la clase de matemáticas y no tenía ni idea de cómo iba a aprobar el examen. Ella me animó y me apoyó de muy buena gana, y se ocupó de organizarme un programa de repaso. Gabriela es muy amable y comprensiva y, con su ayuda, saqué una buena nota en el examen.

Sample translation:

My friend Gabriela can be silly at times but when it comes to maths, she's very clever. Last year I was having big problems in the maths class and I didn't have a clue how I was going to pass the exam. She encouraged me and supported me very willingly and took charge of organising me a revision programme. Gabriela is very kind and understanding and with her help I got a good mark in the exam.

2
a discutí
b me sacaban de quicio
c perezoso/a
d maleducado/a
e comprensivo
f maduro
g de buena gana
g nos llevamos mejor

Page 23

3 Sample answer: Hace un año, tuve problemas en el instituto, pues sufrí acoso. No pegaba ojo durante la noche y no me apetecía ir al instituto porque tenía miedo de ciertos chicos cobardes y antipáticos. Las cosas fueron de mal en peor cuando el grupo empezó a robar mi dinero y a enviarme mensajes crueles. Mi amigo Roberto se puso a acompañarme en el patio y en los pasillos y, por fin, confesó todo a un profesor comprensivo.

Mi familia es muy importante para mí porque me da apoyo y seguridad y me entiende muy bien. Mi madre es un pedazo de pan y escucha de buena gana cuando necesito hablar. Mi padre es gracioso y me toma el pelo constantemente; siempre me alegra cuando estoy de mal humor. Mi hermana me saca de quicio porque habla por los codos y siempre quiere meter las narices en mis cosas. Pero, a fin de cuentas, es mi hermana y la quiero.

Page 24

Sample answer: Un amigo ideal es alguien con quien te gusta pasar tiempo. Te guarda los secretos y te escucha cuando deseas hablar. Un amigo ideal es comprensivo, honrado y sensible y te da apoyo si necesitas su ayuda. Este amigo tiene que compartir tus intereses y tu sentido del humor, si no, estarás aburrido como una ostra cuando estáis juntos. Me llevo muy bien con mi amigo Dan, pero no creo que yo sea el amigo ideal para él porque siempre le tomo el pelo por ser un lumbreras.

Hace un año Dan y yo nos peleamos cuando me prestó su móvil y luego lo perdí. Dan estuvo muy enfadado conmigo.

Lo busqué por todas partes, pero no lo encontré. Para colmo de males, tuve que ahorrar mi dinero poco a poco para comprarle otro, así que Dan se quedó sin móvil durante meses. Afortunadamente me ha perdonado y somos buenos amigos de nuevo.

Unit 4

Page 26

1
• las actividades que harás cuando estés de vacaciones (future)
• un pasatiempo que te gustaba cuando eras pequeño (past)
• un club en que participaste la semana pasada (past)
• cómo sueles usar la tecnología (present)
• un pasatiempo que quieres probar en el futuro (future)
• lo que haces normalmente los fines de semana (present)
• una actividad que hiciste con tus amigos recientemente (past)
• una ocasión en que la tecnología resolvió un problema (past)
• los pasatiempos que practica tu familia (present)
• qué vas a hacer en la ciudad este fin de semana (future)

2 a menudo – often, anoche – last night, ayer – yesterday, ahora – at the moment, de nuevo / otra vez – again, de vez en cuando – from time to time, desde – since, el porvenir – the future, esta noche – tonight, pasado mañana – the day after tomorrow, todavía – still, un rato – a short while

3
a ~~Pasado mañana~~ **Ayer** participé en una carrera de ciclismo.
b No me gustó el bádminton, así que no voy a jugar ~~todavía~~ **de nuevo**.
c Voy a ver la tele ~~anoche~~ **esta noche** porque hay un programa muy interesante a las ocho.
d Estoy leyendo una novela muy buena ~~ayer~~ **ahora**.
e Me encanta la música y toco el piano ~~hasta~~ **desde** los ocho años.
f Empecé a bailar a los siete años y ~~de nuevo~~ **todavía** asisto a clases cada jueves.

Page 27

1 **a** you (singular), **b** you (plural), **c** they, **d** he/she/it, **e** you (plural), **f** you (singular), **g** I, **h** he/she/it

2
A	Tomaré	d	hacen, visitan
B	quería	a	era
C	Asistí a	b	aprendimos
D	Quisiera	f	dice, es
E	salimos	c	celebraba
F	Usé	e	cancelaron

(3) Sample answers:

a ... pero mis amigos descansarán todo el fin de semana.

b ... pero mi padre todavía prefiere los libros tradicionales.

c ... mientras mi hermano está en el gimnasio.

d ... y me gastaré el dinero en ropa y maquillaje.

e ... porque mi madre se cansa de cocinar todos los días.

f ... pero yo aprenderé a tocar el piano.

g ... mientras yo me quedo en la cama.

Page 28

(1) **a** No tenía mascotas cuando era pequeño, pero ayer mis padres compraron un perro. (imperfect, imperfect, preterite)

I didn't (used to) have pets when I was younger, but yesterday my parents bought a dog.

b Mis padres solían jugar al bádminton, pero cerraron el polideportivo el mes pasado. (imperfect, preterite)

My parents used to play badminton but they closed the leisure centre last month.

c Cuando vivíamos en Nueva York, visitábamos galerías de arte con frecuencia. (imperfect, imperfect)

When we were living in New York, we used to visit art galleries frequently.

d Esta mañana cuando salí para coger el tren, hacía mucho frío. (preterite, imperfect)

When I went out to catch the train this morning, it was very cold.

e Martín escribió un mensaje a su primo, que trabajaba en Madrid. (preterite, imperfcet)

Martín wrote a message to his cousin who was working in Madrid.

(2) Sample answers:

a ... montaba en bicicleta y jugaba con mis amigos en el parque delante de mi casa. Iba a la piscina con mi padre todos los domingos.

b ... di un paseo con el perro por la mañana y vi una película por la tarde. Después de cenar hice mis deberes.

(3) Student's own answers

Page 29

(1) **b** viajará, **c** llegarán, **d** vas a ayudar, **e** voy a vivir, **f** escribirá

(2) Sample answers:

- Normalmente voy en bicicleta al instituto. La semana próxima participaré en una carrera de ciclismo.

- Salimos a comer juntos de vez en cuando; el viernes que viene vamos a celebrar el aniversario de mis padres en un restaurante griego.

- Uso mi móvil todos los días para comunicarme con mis amigos; esta tarde voy a hacer investigación en internet para un proyecto del instituto y voy a utilizarlo.

(3) **b** ... espero / quiero / tengo intención de / pienso visitar el museo

c ... espero / quiero / tengo intención de / pienso ir al castillo

d ... espero / quiero / tengo intención de / pienso pintar las paredes.

e ... espero / quiero / tengo intención de / pienso comprar unos/algunos regalos.

f ... espero / quiero / tengo intención de / pienso vender mis videojuegos.

Page 30

(1) hacemos (PR; 1pp), suelen (PR; 3pp), soy (PR; 1ps), vamos a ir (NF; 1pp), juego (PR; 1ps), Participamos (PRT; 1pp), ganó (PRT; 3ps), perdí (PRT; 1ps), espero (PRT; 1ps)

(2) Sample answers:

(Mis amigos y yo vamos al cine los viernes.) *La semana pasada vimos una película de aventuras, pero no nos gustó porque era muy aburrida.*

(Vamos a comprar a la ciudad los sábados.) *El sábado pasado compré una revista y un videojuego. Mi amigo decidió comprar unos vaqueros. Comimos pollo en un restaurante de comida rápida.*

(Los domingos nos gusta ir a la piscina,) *pero este fin de semana vamos a visitar a mis abuelos que viven en Londres. Será muy divertido porque mis abuelos son muy simpáticos.*

Page 31

(1) Bullet point 1: present   Bullet point 2: past

(2) Student's own answers

(3) Student's own answers

(4) Sample answer: En nuestro tiempo libre, mis amigos y yo hacemos muchas cosas valiosas e interesantes. Por ejemplo, yo hago mucho ejercicio; mi deporte preferido es el bádminton. Juego en el polideportivo y asisto a sesiones de entrenamiento todas las semanas. Jugué un partido ayer y gané fácilmente. También me gusta correr y el fin de semana que viene voy a participar en un torneo de atletismo con el instituto y espero ganar por lo menos una carrera.

También participamos en una gran variedad de actividades solidarias y el mes pasado trabajé en varias ocasiones en una residencia de ancianos. Ayudé con la preparación en la cocina y serví las comidas a los residentes. Además, nuestra asociación de obras benéficas organizó una discoteca para niños en una escuela primaria del pueblo. Para Navidad, tenemos intención de organizar un concurso para los padres porque queremos recaudar dinero para los niños necesitados.

Page 32

Sample answer: Para mí, Internet es una parte normal de la vida y lo uso todos los días. Es fenomenal para los proyectos del instituto porque puedes encontrar toda la información que necesitas en la red. Anoche usé varias páginas web para ayudarme con mis deberes. También es muy útil para mantenerte en contacto con los amigos y la familia. Este domingo voy a mandar un mensaje a mi abuela que vive en el extranjero. No tiene Skype así que no podremos hablar en directo.

En el futuro creo que vamos a necesitar más controles en Internet y en las redes sociales. Es demasiado fácil mentir sobre tu edad y tus intenciones y hay muchos casos de robos de identidad. Otro problema es que los niños y los jóvenes malgastan su tiempo navegando en Internet y no hacen suficiente ejercicio. Ayer mi hermano se pasó horas jugando a los videojuegos sin moverse de su silla.

Unit 5

Page 34

(1) Mi región es muy turística hoy en día. Antes mi región <u>era</u> muy agrícola. <u>Tenía</u> muchos campos. En los campos <u>cultivaban</u> cereales. <u>Había</u> muchas vacas. Las vacas <u>daban</u> leche. <u>Usaban</u> la leche para hacer queso. También <u>había</u> muchas ovejas. Las ovejas <u>producían</u> lana. <u>Usaban</u> la lana de las ovejas para producir textiles y ropa. <u>Era</u> una región bastante próspera. <u>Había</u> casas grandes. <u>Había</u> un teatro y una catedral importante.

(2)
ⓐ Tenía muchos campos donde cultivaban cereales.
ⓑ Había muchas vacas que producían leche.
ⓒ Usaban la leche para hacer el queso.
ⓓ También había muchas ovejas que producían lana. La usaban para crear textiles y ropa.
ⓔ Era una región bastante próspera donde había casas grandes, un teatro y una catedral importante.

Page 35

(1) A f (cuando); B e (ya que); C a (mientras); D h (donde); E b (aunque); F c (así que); G d (como); H g (si)

(2) **ⓐ** Aunque, **ⓑ** como, **ⓒ** cuando / mientras, **ⓓ** mientras / cuando, **ⓔ** donde, **ⓕ** ya que, **ⓖ** si

(3) Sample answers:
ⓐ como también lo hacen los turistas.
ⓑ cuando hay muchas flores en los jardines.
ⓒ aunque hay mucha basura en las calles después del mercado.
ⓓ así que van a construir más viviendas.
ⓔ como han exigido los usuarios.
ⓕ mientras yo sirvo la comida a los clientes.
ⓖ donde es muy agradable pasear.
ⓗ si ponen una buena película.

Page 36

(1) **ⓐ** and **ⓑ**
i   las; I have tickets for the theatre. I bought them yesterday.
ii lo; The forest is lovely. The neighbours / locals really appreciate it.
iii lo; My bedroom is very untidy. I'll tidy it up this afternoon.
iv la; We don't have a library in the village. They closed it down last year.
v   las; I lost my glasses, but then found them in the kitchen.

(2) **ⓐ** Voy a llevarlo.   **ⓓ** Voy a encontrarla.
ⓑ Voy a limpiarlos.   **ⓔ** Voy a apagarla.
ⓒ Voy a cerrarlas.

(3) **ⓐ** el coche; Su padre lo limpia todos los sábados.
ⓑ las flores; Las compré en el mercado.
ⓒ el dormitorio; Lo comparto con mi hermana.
ⓓ las persianas; Las usamos en verano.
ⓔ la catedral; La visitaron ayer.

Page 37

(1) **ⓑ** El río está en terribles condiciones; hay que limpiarlo antes de que sea demasiado tarde. (B)
ⓒ Deberían prohibir el tráfico en el centro para que tengamos calles más seguras. (G)
ⓓ Cuando sea mayor, me gustaría tener una gran casa en el campo. (H)
ⓔ Mi habitación favorita es la cocina; quizás sea porque es cómoda y acogedora. (A)
ⓕ Si ganara la lotería, compraría un castillo en Escocia. (F)
ⓖ En el futuro, pase lo que pase, viviré en una gran ciudad como Londres o Barcelona. (D)
ⓗ No creo que haya bastantes instalaciones para los jóvenes en el pueblo. (C)

(2) **ⓐ** cuando sea mayor, when I am older
ⓑ Si ganara la lotería, if I won the lottery
ⓒ no creo que haya, I don't think there is / are
ⓓ pase lo que pase, whatever happens
ⓔ antes de que sea demasiado tarde, before it's too late

(3) sample answer:
Vamos a construir un garaje para que tengamos un sitio para poner el coche.
No creo que haya bastnte ocio para los jóvenes.
Si ganara la lotería, tendría una piscina en el jardín.

Page 38

(1) Link words: aunque / pero / donde
Object pronouns: los artistas de la región **la** usan / pero los turistas **lo** aprecian
Subjunctive expressions: quizás sea porque / No creo que haya

(2) Mi pueblo es bastante pequeño, **aunque** está cerca de dos ciudades grandes. No es un lugar visitado por los turistas, **quizás sea porque** es un viejo pueblo minero sin gran interés. Hay un polideportivo en las afueras y **lo** usamos para nadar en la piscina o jugar al fútbol y al bádminton. En la calle principal hay varias tiendas **que son** una panadería, una carnicería y una farmacia y el ayuntamiento es un edificio bonito. **Lo** construyeron en 1895. Deberían mejorar el sistema de transporte, **para que tengamos** más autobuses para ir a la ciudad.

Page 39

Sample answer: En el pasado mi región dependía del carbón ya que había muchas minas en la zona. Lo usaban para mover las máquinas en las fábricas de textiles donde trabajaban miles de obreros. Llevaban los productos en barcos por los canales hasta la costa donde los transportan por todo el mundo. La zona era muy industrial así que estaba sucia con altos niveles de contaminación.

Sin embargo, hoy día no creo que haya minas en la zona y han convertido muchas zonas industriales en parques donde la gente va con sus perros y juega con sus hijos. El pueblo donde vivo es bastante bonito con un centro histórico y una buena selección de tiendas. Si fuera posible, me gustaría tener un cine y una piscina aquí también, pero se puede coger el autobús a la ciudad para usar las instalaciones allí. Mucha gente visita el pueblo los fines de semana, quizás sea porque tenemos un mercado de productos regionales los sábados y una amplia gama de pubs y restaurantes donde sirven buena comida.

Page 40

Sample answer: En el futuro, me gustaría vivir en el extranjero en un país cálido porque detesto el clima en mi país. Echaría de menos a mi familia, pero todos mis parientes y amigos podrían visitarme de vez en cuando. Si ganara la lotería, compraría una casa grande en el norte de Mallorca porque he visitado la isla dos veces y me parece muy bonita. Es un poco turística en partes, pero hay zonas tranquilas y rurales, sobre todo en la primavera.

La casa de mis sueños estaría en la costa y si fuera posible, tendría una playa privada al final del jardín. Ya que el clima sería fantástico, habría una piscina grande y una terraza donde podría tomar el sol. Mi dormitorio lujoso y espacioso tendría un balcón con vistas al mar y me sentaría allí para tomar el desayuno. En el sótano, tendría un cine y también un gimnasio. ¡Qué sueño más bonito!

Unit 6

Page 42

1) Student's own answer

2) A b   B e   C c   D d   E a

Page 43

1) a) Para celebrar las ocasiones especiales, vamos a un restaurante mexicano porque nos gusta la comida de allí.

b) Fuimos a Valencia para ver las Fallas porque es una fiesta famosa y emocionante.

c) Me gustaría ir a la Tomatina porque sería muy divertido y creo que sería una experiencia inolvidable.

d) Toda la familia se reúne para celebrar la Navidad y hay juegos, música y mucha comida.

2) Sample answers:

- La fiesta empezó con un desfile de caballos y también hombres y mujeres en trajes tradicionales. Después, hubo una gran hoguera y un espectáculo de fuegos artificiales. Además, había un ambiente increíble y mucha gente en las calles.

- Celebramos el año nuevo con unos amigos españoles e hicimos una cena excelente. También jugamos a unos juegos muy divertidos. Después cantamos canciones tradicionales y mi padre tocó el piano. Luego, a medianoche comimos uvas mientras escuchamos las campanas.

Page 44

1) a) D – At the end of the festival the city is very dirty, but the volunteers clean it willingly.

b) R/E – One problem is that there is a lot of noise and so some residents leave the city during the festival.

c) S – The bullfight is still popular in several parts of Spain and also creates a lot of jobs.

d) R/E – When we are in Spain we always try to go to a traditional festival to enjoy the atmosphere and get to know the culture.

e) R/E – Some people criticise the waste of money given that they use tons of tomatoes during the Tomatina festival.

f) D – There is no doubt that they spend thousands of euros on the festival and the fireworks. However, it attracts many tourists.

g) S – The festival in the village is fun for all the residents and in addition creates a strong sense of community.

h) D – Some festivals have religious origins, on the other hand others commemorate historic events.

2) a) y también / y además (S)   b) sin embargo / pero (D)
c) y por eso (R/E)   d) para (R/E)   e) En cambio / Sin embargo (D)

Page 45

1) a) A 3,   B 1,   C 2
b) Student's own answer

2) a) C   b) A   c) B

3)

	a	b	c
Varied sentence length	✓		✓
Use of connectives	✓		✓
Variety of tenses	✓	✓	✓
Different subjects for the verbs	✓	✓	
Punctuation	✓	✓	
Speech		✓	
Adverbs			
Adjectives	✓	✓	✓
Introduces an unexpected turn of events	✓	✓	✓

Page 46

1) a) Student's own answer

b) (highlighted) Para, ya que, Sin embargo, con

c) (underlined) ¡Qué error!, ¡Qué lástima!

d) Summary: On special occasions they normally eat out in a good restaurant, but last time they went her brother was ill all night after eating prawns. He decided he must be allergic and has never eaten them again.

2) and 3)

a) Abandonamos la caravana y volvimos a casa después de tres días **porque** según el pronóstico, las lluvias intensas iban a durar toda la semana. (Caravan holiday cut short by rain)

b Mi padre me dijo que íbamos a Grecia, **pero** en el aeropuerto vi que el avión iba a Florida. ¡Qué sorpresa! (Surprise change of holiday destination)

c Cuando me puse el nuevo vestido descubrí que era demasiado pequeño **y por eso** decidí que ya no quería ir a la fiesta. (Party missed because dress didn't fit)

d Perdí el último autobús y tuve que llamar a mis padres **para** preguntar si vendrían a buscarme. (Requesting a lift after missing the last bus)

Page 47

1 Student's own answer

2 Sample answer: Normalmente cuando hay un evento importante en mi familia como un aniversario o un cumpleaños salimos a cenar a un restaurante. Solemos escoger uno de comida india o italiana porque a todos nos gusta. Sin embargo, este año, como yo cumplí dieciséis años y mi hermana dieciocho, nuestros padres nos llevaron a Valencia. Estuvo fenomenal a pesar de que era febrero y hacía bastante frío. Probamos la paella, ya que es la especialidad de la región, y visitamos el puerto.

El último día de las vacaciones, fuimos al aeropuerto para coger el avión de vuelta a casa, pero en seguida descubrimos un problema. Había una huelga en el aeropuerto y habían cancelado todos los vuelos. Después de pasar horas aburridos en el aeropuerto, nos dieron billetes para el día siguiente. ¡Qué rollo! Tuvimos que alojarnos en un hotel feo al lado del aeropuerto y esperar el próximo vuelo. ¡Lo único bueno fue que no pudimos ir al instituto el lunes!

Page 48

Sample answer: Celebrar tu cumpleaños durante tu visita va a ser muy emocionante. ¡Qué divertido! Hay varias cosas que podemos hacer, por eso mis padres dicen que tú tienes que escoger. Podríamos salir a una pizzería en la ciudad para cenar y luego ir al cine; o posiblemente te gustaría más ir a la bolera y probar el plato típico de pescado con patatas fritas. Sin embargo, mi idea favorita es una excursión al parque temático seguida de una cena especial en un restaurante indio. ¿Qué te parece?

Mientras estábamos en Valencia el año pasado, tuvimos la suerte de ver la celebración de las Fallas. Durante el día, paseamos por la ciudad mirando las enormes estatuas de madera y cartón que construyen. Muchas son figuras cómicas, pero también hay personajes hermosos de leyendas y mitos. Esa noche, vimos las hogueras enormes cuando quemaron las figuras y además vimos el espectáculo de fuegos artificiales. Fue estupendo.

Unit 7

Page 50

1 <u>Tengo mucha suerte</u> porque asisto a un instituto (estupendo) donde las instalaciones son de alta calidad y los profesores nos <u>ayudan</u> e incluso nos <u>inspiran</u>. Afortunadamente, el director es una persona (estricta) pero (justa) e insiste en la cortesía y el respeto entre todos. En clase, la mayoría de los estudiantes son (atentos) y (trabajadores) y una (gran) ventaja es la variedad de actividades y clubs (divertidos) que se

ofrecen durante el almuerzo y después de las clases – ¡qué bien! <u>Disfruto</u> del ambiente (agradable) y (estudioso) en el instituto y <u>me gusta</u> mucho ser estudiante allí.

2 unfortunately – *por desgracia*, I had a bad time – *lo pasé muy mal*, a total lack – *una falta total*, unpleasant – *desagradable*, chaotic – *caótico*, I couldn't stand – *no podía aguantar*, (it) spoiled – *estropeaba*, (they) frightened us – *nos daban miedo*, disadvantage – *desventaja*, antiquated – *anticuado*, I was very worried – *me preocupaba mucho*, badly equipped – *mal equipados*, sadly – *tristemente*, (they) had little desire (of) – *tenían pocas ganas (de)*, I complained – *me quejé*, horrific – *horrorosa*

Page 51

1 **a** i peor, me aburre.

ii Me fastidia, demasiados

iii sabrosa, saludable, demasiado cara

iv me preocupan, estresantes

v Me encanta, fenomenales

vi comprensivos, amables, antipático

vii Vale la pena, aprovechar

viii Valoramos, útiles, motivadoras

b i N, ii N, iii P+N, iv N, v P, vi P+N, vii P, viii P

2 A d, B e, C a, D f, E b, F c

3 Sample answers:

a Mi instituto es moderno y está limpio; los estudiantes son trabajadores y corteses.

b Los profesores son antipáticos y nos tratan muy mal.

c Por desgracia, las instalaciones son horribles y las clases son aburridas.

d No me gusta nada el edificio, que es moderno y muy feo.

e Otra ventaja es el uniforme que es bonito y muy cómodo.

Page 52

1 **a** A b, B c, C f, D d, E a, F e

b (highlighted)

A porque, C ya que, F puesto que, a a causa del, c debido a, d como consecuencia

c i ya que / puesto que, ii porque, iii a causa de, iv como consecuencia de, v debido a

2 A veces <u>creo que me gustaría</u> ser bombero porque es un trabajo gratificante que vale mucho la pena. <u>Detestaría</u> trabajar al aire libre como jardinero o constructor ya que no aguanto el frío.

Tener empleo en un hospital <u>sería horroroso</u> para mí debido al olor a desinfectante.

3 **a** Sample answer: No me gustaría nada ser profesor/a porque tienen que trabajar por las tardes y corregir los fines de semana.

b Student's own answer

c Student's own answer

Page 53

1 (highlighted) **a** aunque; I would like to be an engineer because it would be challenging, although I'm not good at maths. **b** Sin embargo; I would like to be a jeweller, as I love the idea of designing earrings and necklaces. However, I think it's very competitive. **c** No obstante; My ambition is to be a nurse because I want to help people and look after them. However, the salary isn't good. **d** pero; I would love to work on a nature reserve. It's my dream to contribute to environmental conservation, but I know that it's not a well-paid job. **e** En cambio; I want to work as a journalist, as I've always enjoyed writing. On the other hand, the idea of working in an office doesn't appeal to me. **f** Por otra parte; I would like to be a detective because I'd love to follow clues and solve crimes. On the other hand, people say it can sometimes be boring.

2 mucho, nada, muy, bastante, demasiado

3 **a** Sample answer: Me gustaría trabajar en una oficina porque sería agradable charlar con mis colegas. Sin embargo, si el trabajo es monótono, resultaría muy aburrido.

  b Student's own answer

  c Student's own answer

Page 54

1 Hola, Elisa.

Los sábados trabajo en un café en el pueblo donde vivo. Sirvo a los clientes y preparo las bebidas. Me gusta (mucho) porque la jefa es (muy) simpática y los clientes dan buenas propinas aunque a veces es difícil sonreír todo el día. El tiempo pasa rápidamente y nunca me aburro ya que siempre estoy ocupadísima. Lo que no me gusta (nada) es que huelo (bastante) mal al final del día ¡como una hamburguesa!

Sin embargo, no pienso ser camarera para el resto de mi vida. Me apetece la idea de trabajar en una empresa de exportaciones puesto que me encantan los idiomas y quiero la oportunidad de usarlos. Creo que es (bastante) competitivo así que espero estudiar empresariales y español en la universidad. Otra posibilidad es dedicarme al periodismo. Me encantaría ser reportera debido a las posibilidades de viajar a otros países. Sería (muy) emocionante ser la corresponsal en la tele que reporta desde el extranjero.

2 **a** the boss is very nice; the customers give good tips

  b it's hard smiling all day

  c the time passes quickly; she is never bored

  d she is always very busy

  e she smells like a burger at the end of the day

  f she loves languages and wants the opportunity to use them

  g it brings opportunities to work abroad

Page 55

1 Student's own answer

2 Sample answer: El profesor ideal es comprensivo y paciente. Debe intentar buscar las cualidades positivas en cada estudiante para apoyarlo. Tenemos un profesor en nuestro instituto que nos ayuda mucho. Se llama Señor Green y me gusta muchísimo porque siempre es justo con todos, aunque puede ser estricto a veces. Cuando encontramos algo difícil, busca una manera más fácil de explicarlo y nos anima mucho a destacar los aspectos positivos de nuestro trabajo.
Mi instituto no está mal, pero tiene algunos aspectos negativos. Primero tengo que hablar del uniforme; lo detesto ya que es marrón, un color muy feo. Nos gustaría tener una chaqueta azul, pues sería mucho más elegante. Lo segundo que hay que mencionar es la comida, que es muy mala porque dan patatas fritas con todo. Queremos ver más ensaladas, pasta y fruta para ofrecer platos más saludables. En cambio, también hay que continuar con las patatas fritas – si no ¡habría una revolución!

Page 56

Sample answer: Mis estudios van bastante bien de momento aunque siempre tengo problemas con la historia ya que no me interesan las guerras ni la economía de los tiempos medievales. Voy muy bien en ciencias y me gustan mucho porque las encuentro desafiantes pero fascinantes. Sin embargo, hay aspectos de la física que son dificilísimos porque parecen más matemáticas que ciencias. Creo que mi asignatura favorita es la biología porque es útil, práctica e interesante. Además, la profesora explica todo muy bien y nos motiva mucho.

Debido a mi interés por las ciencias, quisiera tener un trabajo relacionado con algo científico en el futuro. Creo que me gustaría más trabajar en un laboratorio haciendo investigaciones médicas. Sería muy gratificante descubrir una nueva droga para curar una enfermedad. También, sería agradable hablar con mis colegas y compartir ideas. Sin embargo, es un campo muy competitivo y tendré que estudiar mucho para sacar notas sobresalientes.

Unit 8

Page 58

1 En mi instituto organizamos muchas actividades para fines benéficos. El mes pasado (hacemos) un concurso durante el almuerzo y recaudar dinero para el hospital regional. El viernes pasado (tenemos) un día sin uniforme cuando todos los estudiantes tuvisteis que pagar para poder llevar su propia ropa. El más popular evento fue ayer cuando organizamos un partido de baloncesto entre los estudiantes y los profesores. Fue muy divertida y los estudiantes ganó. ¡Los profesores estaban muy cansado al final!

Phrase	Correct adjectival agreement	Correct word order	Accurate present tense	Accurate past tense
a	✓	✓	✓	
b	✓	✓	✓	
c	✓	✓	✓	
d	✓	✓	✓	
e		✓	✓	
f	✓	✓	✓	
g	✓	✓	✓	
h		✓		✓

d Mi familia y yo siempre separamos la basura y reciclamos todo lo posible. / reciclamos

e Los granjeros en países pobres cortan los árboles y destrozamos la selva. / destrozan

f La marea negra llegó a la costa y afectaron a muchos pájaros. / afectó

③ **a** El huracán que pasó por la zona causó mucho daño.

b La gente come pizzas y hamburguesas y luego tira el papel al suelo.

c Hay seis o siete gamberros en el barrio que rompen las ventanas.

d Hemos recaudado mucho dinero para los niños necesitados, que recibirán regalos esta Navidad.

e La gente está muy orgullosa del pueblo y cuida el medio ambiente con entusiasmo.

f Ya se acabo la sequía que afectó el sur durante meses.

Page 59

① **a** Es una posibilidad, pero no sé si es la más práctica.

b Es la ley más importante para el medio ambiente.

c Estos recursos son los más beneficiosos para el planeta.

d La marihuana es la droga más usada entre los jóvenes.

e El petróleo es el combustible más escaso.

② **a** la solución más práctica

b el problema más grave/serio

c el recurso más escaso

d los niños más pobres

e los productos más peligrosos

f la dieta más sana/saludable

③ **a** my sister's school   **c** cigarette smoke

b a headache   **d** my father's car

④ **a** … el desarrollo de la ciudad

b … los problemas del mundo

c … las ideas del gobierno

d … los desechos de la fábrica

Page 60

① **a** El sobrepeso puede ser peligroso porque hace daño al corazón.

b El cambio climático es un problema grave y afecta a todo el planeta.

c Los ancianos escucharon el concierto y apreciaron mucho la visita.

d María, cuando trabajas en la tienda solidaria, ¿qué tareas haces?

e Mis amigos y yo participamos en un concurso y, para nuestra sorpresa, lo ganamos.

f Carlos, ¿qué haces con el vidrio cuando lo reciclas?

② **a** Los voluntarios llegaron al río y, durante la tarde, limpió toda la basura. / limpiaron

b La drogadicción es un problema grave y puedo afectar a toda la familia. / puede

c Los nuevos planes son muy respetuosos con el medio ambiente y beneficiaremos al pueblo. / beneficiarán

Page 61

① **a** Los efectos de fumar pueden ser muy serio *serios* para los pulmones y el corazón.

b En algunos países, las leyes medioambientales no son suficientemente estricto. *estrictas*

c Mi abuelo vive en una residencia, pero todavía es una persona muy activo. *activa*

d Creo que las multas no bastan; deberían ser más severo. *severas*

e Los problemas causados por la drogadicción pueden ser muy grave. *graves*

② **a** podremos **b** harán **c** tendrá **d** habrá

e podrán

③ **a** hice   **e** fui

b tuve   **f** di

c dio   **g** Tuve

d tuve

④ **a** era, iba   **b** veíamos, éramos   **c** eran, veían, iban

Page 62

①

a	Any 5 examples from: *diferentes, orgánicos, necesario, populares, ecológico, distinta, graves, pasado, peligrosas, hermoso*
b	*Uno de los problemas más graves*
c	Any 5 examples from: *intentamos, podemos, hacemos, tenemos, vamos, usamos, es, escogemos, son, gusta, sé, valen*
d	*formaron, organizamos, quitamos*
e	*fuimos, dio*
f	*será*

Page 63

① Student's own answer

② Sample answer: Soy miembro de la asociación solidaria en mi instituto y organizamos varios eventos durante el año. Hace dos semanas, los otros socios y yo lavamos los coches de los profesores en el aparcamiento del instituto. Cada profesor tuvo que pagar cinco libras y ganamos casi trescientas libras en total. Sin embargo, el evento más exitoso fue el concurso de bandas musicales en que compitieron varios grupos de pop y rock del instituto. Dieron un concierto y los profesores y estudiantes tuvieron que pagar para entrar. Fue fantástico y el nivel fue muy alto.

A veces las actividades que hacemos son para el beneficio del medio ambiente. En primavera vamos a construir un jardín de la naturaleza en el campo del instituto. Plantaremos flores y árboles que atraerán una variedad de pájaros e insectos y, si es posible, nos gustaría crear un pequeño estanque. También vamos a poner un contenedor especial en la recepción del instituto para coleccionar las pilas usadas.

Page 64

Sample answer: Un problema que existe en la región donde vivo es la obesidad. Cuando estás en la ciudad ves que hay muchas personas con sobrepeso y que en el futuro van a tener problemas de salud como consecuencia. Una de las causas es que la comida rápida y procesada es muy barata, pero muy poco sana. Otro problema creciente en mi ciudad es el número de los 'sin techo' que intentan vivir bajo el puente. Deben tener mucho frío en invierno.

Para concienciar a los estudiantes de la importancia de un estilo de vida sano, vamos a tener clases sobre nutrición para aprender lo que es una dieta equilibrada. También va a haber muchas actividades físicas que organizarán en el almuerzo y después de las clases como fútbol, bádminton y zumba. Usamos el dinero que recaudamos en nuestra última actividad solidaria para comprar mantas para los 'sin techo' y también les llevamos bocadillos y sopa caliente.

Unit 9

Page 66

①

En	K
Domingo	J
mi hermana's cumpleaños	O
será	C
viente	G
Vamos	N
un fiesta	A
por	I
prepara	D

especial cena	O
ir de compras	F
^	H
compro	D
reggalo	G
hoy	L
tengo hacer	M
Será no	B
facil	E

② (highlighted) veinte, preparar, special

(corrections) años, preparará, especial

Page 67

①
 ⓐ (…) it was too expensive. = era ^ cara.

 ⓑ (…) but it's much more exciting (…) = pero es ^ más emocionante

 ⓒ (…) but I don't have the time any more. = pero ^ no tengo tiempo.

 ⓓ We (…) raised nearly two hundred pounds. = recaudamos ^ doscientas libras.

 ⓔ (…) my grandparents still live there. = mis abuelos ^ viven allí.

② **ⓐ** On Christmas Eve, we put all the presents under the tree.

 En Nochebuena, ponemos ^ los regalos bajo el árbol de Navidad. *todos*

 ⓑ One of the biggest problems in the country is drought.

 Uno de los problemas ^ grandes del país es la sequía. *más*

 ⓒ My brother bought me a mobile, but I already have the latest smart phone.

 Mi hermano me compró un móvil, per ^ tengo el último teléfono inteligente. *ya*

 ⓓ I went out at about half past seven.

 Salí a ^ las siete y media. *eso de*

 ⓔ The town is very popular with tourists and we receive many visitors here.

 El pueblo es muy popular entre los turistas y recibimos a muchos visitantes ^. *aquí*

③ **ⓐ** Está aprendiendo a conducir.

 ⓑ Tenemos que hacer muchos deberes.

 ⓒ Mi padre dejó de fumar el año pasado.

 ⓓ Está empezando a llover.

 ⓔ Ayudan a quitar la basura.

Page 68

① **ⓐ** Cuando hablas por internet hay que tener mucho (cuidado)/ ciudado.

 ⓑ Vamos a ese restaurante con frequencia / (frecuencia) porque la comida es excelente.

 ⓒ Mi hermano tiene viente / (veinte) años y estudia en la universidad.

 ⓓ Es muy fácil reciclar; solamente necisitamos / (necesitamos) recordar dónde va cada tipo de basura.

 ⓔ Como consequencia / (consecuencia) de las lluvias intensas, hay inundaciones en el pueblo.

② **ⓐ** ~~proffesora~~ profesora

 ⓑ ~~aquáticos~~ acuáticos

 ⓒ ~~cuidad~~ ciudad

 ⓓ ~~sies~~ seis

 ⓔ ~~clases~~ clases

③ **ⓐ** si, **ⓑ** trabajo, **ⓒ** que, **ⓓ** mí; mi **ⓔ** el; él

Page 69

① **ⓐ** tuve un tiempo bueno; C,

 ⓑ en la otra mano; F,

 ⓒ miro como ella; D,

 ⓓ tenemos; G,

 ⓔ en; B,

 ⓕ mirar para ellas; A,

 ⓖ En; E

2

   a Voy a vestirme ahora.

   b No quiero aburrirme.

   c Nunca voy a emborracharme.

   d Espero casarme un día.

   e Voy a perderme en la ciudad.

3 **a** las **b** la **c** los **d** (blank) **e** la **f** (blank)

   g el **h** El **i** la **j** la **k** el

Page 70

1

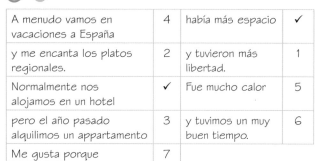

A menudo vamos en vacaciones a España	✗	había más espacio	✓
y me encanta los platos regionales.	✗	y tuvieron más libertad.	✗
Normalmente nos alojamos en un hotel	✓	Fue mucho calor	✗
pero el año pasado alquilimos un appartamento	✗	y tuvimos un muy buen tiempo.	✗
Me gusta porque	✗		

2 **a**

A menudo vamos en vacaciones a España	4	había más espacio	✓
y me encanta los platos regionales.	2	y tuvieron más libertad.	1
Normalmente nos alojamos en un hotel	✓	Fue mucho calor	5
pero el año pasado alquilimos un appartamento	3	y tuvimos un muy buen tiempo.	6
Me gusta porque	7		

b A menudo vamos de vacaciones a España y me encanta probar los platos regionales. Normalmente nos alojamos en un hotel, pero el año pasado alquilamos un apartamento. Me gustó porque había más espacio y teníamos más libertad. Hizo mucho calor y lo pasamos muy bien.

Page 71

1 En mi tiempo libre me gusta escuchar música y salir con mis amigos. El sábado pasado fuimos a un concierto. Estuvo fenomenal / genial. Este fin de semana voy a visitar a mis abuelos que viven en la costa. Va a ser divertido, pero el viaje será aburrido.

Page 72

En el instituto, mis estudios van bien. Normalmente saco buenas notas, pero el lunes pasado suspendí un examen de biología. Tengo que repetirlo la semana que viene y voy a repasar todo el fin de semana. Hay una página web con información útil sobre ciencias y por eso usaré el ordenador de ayuda.